Business ComicSeries

# まんがで学ぶ 世界の宗教

学びエイド認定鉄人講師
相澤 理 監修
さとうもえ 原作
柴田柚香 まんが



あさ出版

東京の某ホテル
今日も笑顔よし！
私は上川ちとせ
ホテルで働いています
お帰りなさいませ

私には夢が
あります
それは父の
旅館を
継ぐこと
札幌の小さい
旅館ですが
ひつじ屋
寒かった～
お帰りなさい
これ
どうぞ
ズッ
ちとせ5歳
とぽぽ
甘酒も
どうぞ
ほっと
くつろげる
宿です

東京のホテルに就職し
修業を始めて4年たちました
どうしたの？
ママとパパがいないのぉ～
お姉さんと一緒に探そ！

はるかっ!!
ママ〜 パパ〜
ありがとう ございます
いいえ
また 泊まりにきてね
うん!!
上川さん 大変!!
ひら ひら
お父さんが 倒れたって

東京発
札幌行き○便は
間もなく――
ギュッ
脳梗塞
なんて…
無事で
いて!!
病院
お父さん!!
ダッ

おお
ちとせ
上川博
良かった…
意識が戻って
お医者さんは
何て?
大丈夫
しばらくリハビリは
必要だけど
すぐに救急車を
呼んでくれて
助かったよ
リンゴ
好きでしょ
ありがとう

しゃり…
なぁ
ちとせ…
こっちに
戻ってこないか…
こうして私は
父の旅館で
働き始める
ことになりました

パチーン!
頑張るぞ!!
ここから新たな物語が
始まります

まんがで学ぶ

# 世界の宗教

Religion

## 目次

● 解説 ●

## 主な登場人物

**上川ちとせ** (26)

この物語の主人公。東京のホテルでの修業を経て、実家の旅館「ひつじ屋」に戻ってくる。母を幼いころに亡くす

**ショーン・パーカー** (43)

イギリスで雑貨商を営んでいるが
現在、ひつじ屋に長期滞在中。
謎の多い人物

**上川博** (58)

ちとせの父。旅館「ひつじ屋」の支配人兼オーナー。脳梗塞で倒れ、現在入院中

### 旅館「ひつじ屋」で働く人々

**近江貴之** (48)

経理担当

**北見春子** (69)

厨房、喫茶担当

**藤山孝太** (20)

サービス担当、大学生のアルバイト

**赤平真由美**(37)

フロント、厨房担当

※本書の登場人物や設定等はすべて架空のものであり、
実在するものとは一切関係ありません

# 第1章

# イスラム教は怖くない

世界情勢を伝えるニュースで連日のように
取り上げられているのが、イスラム教過激派によるテロ
ここでは、一般的なイスラム教徒の信仰のあり方が
どのようなものかについて学んでいきましょう

チュン
チュン
ひつじ屋
ガチャッ
カラン
カラン

おはようございます！
おはよー！
赤平真由美
（フロント、厨房担当）
ひつじ屋
おはよう
ございます！

あそこの机や椅子って
今までなかったですよね？
支配人が廃品回収から
古い家具をタダ同然で
もらってきたのよ
傷んでいたり
壊れていたものは
みんなで修理してね
廃品とは
思えないでしょ？
アンティークって
温かい感じがしていいよね
ふわっ

どうぞ
召し上がれ
北見春子
（厨房、喫茶担当）
いい香り～❤
シャキッと目が覚めるよ～
Good morning.
Good morning !

外国人のお客さま
なんて初めて見たかも
外人さんがいて
びっくりしたでしょ
支配人が英語のホームページを作ったんですよ
藤山孝太
（サービス担当、アルバイト）
ひつじ屋
昔 世界中を放浪したことがあるんだ
いろんな国の人に親切にしてもらってね
そのときの恩返しをしたいんだ

さっきのお客さまは
ホームページ予約第2号
そうなんだ
で第1号は…
ちとせさん
本日の宿泊者の確認をお願いできますか
キラーー
近江貴之
（経理担当）
インドネシアのお客さまの予約があるのですが
私　英語は全くの苦手でして…
僕も苦手
みんなで助け合えば大丈夫ですよ
カラーン
カラーン

ワヤン一家
（インドネシア人）
外国人のお客さまって…
もういらっしゃったみたいですね…
レッツゴー ユア ルーム OK?
あの人達イスラム教徒なんですか?
そうムスリム
ムスリム?

イスラム教徒のことをムスリムって言うの
アラビア語で神に帰依した人って意味があるみたいよ
インドネシア人でイスラム教徒なんて珍しいですね
確かにアラブ人じゃなかったわよね…
珍しくなんてないですよ
イスラム教徒＝アラブ人ってイメージが強いけれど
実はイスラム教徒が一番多い地域は
中東ではなくアジアなんですよ
ほんと日本語うまいですよね～
この方は…？

ここに住んでいるショーンさんです
住んでる!?
1カ月ぐらい前から滞在しています
ショーン・パーカー
（雑貨商／イギリス人）
趣味を兼ねながら世界中を旅して
面白い雑貨を探しているんです
北海道は面白いものがたくさんあって素晴らしいです
ショーンさんがホームページ予約第1号です!
あーーーっ
考えないと!
ムスリムっていろいろ戒律があるよねおもてなしの方法を考えたいけど
全然分からないなあ…

東京のホテルで働いていたときは欧米人しか来なかったし…
ショーンさんに相談してみたらどうですか？
世界中を旅しているからムスリムにも詳しいですよね？
うーんそうかな？
お願いしますっ!!
まず　六信五行ってわかるかな？
イスラム教徒は六つのことを信じて五つのことを守らなきゃいけないんだ

## 六信（六つの信じるべきこと）

### アッラー

神は唯一絶対の存在。「アッラー」とはアラビア語で神のこと

### 天使

神と人間を仲介するために天使が存在する

### 経典

『コーラン』に代表される経典

### 預言者

最大にして最後の預言者（神の言葉を預かった者）はムハンマドである

### 来世

人間は死んでも「最後の審判」のときによみがえって裁きを受ける。善き行いをした者は天国に行き、そうでない者は地獄におちる

### 天命

この世のすべては神によって決められている

## 五行（五つの行うべきこと）

### 信仰告白

「アッラーのほかに神はいない。ムハンマドはアッラーの使徒なり」と唱える

### 礼拝

1日5回、聖地メッカに向かってお祈りをする。時間は毎日異なる

### 喜捨

収入の一部を貧しい人たちのために寄付する

### 断食

イスラム暦の9月（ラマダン）に断食を行う。日の出ているうちは食事や一切の飲み物を取らないが、日没後は普段より盛大に食事をする

### 巡礼

一生に1回は、聖地メッカへの巡礼をする

メッカ
礼拝の方法は五体投地って呼ばれているよ
あと日常生活では左手をあまり使わず右手を優先して使う人が多いね
食事では左利きの人も右手を使うことが多いよ

礼拝場所を用意した方がいいですよね？
フムフム
自分の部屋でするかもしれないけど用意した方がいいね
礼拝の方角と時間はスマホにアプリがあるからすぐ探せるよ
あと 持って来ているかもしれないけど礼拝用の敷物も用意しておくといいね
適当なマットで大丈夫だよ
フムフム
礼拝の前には手と足のくるぶしまで洗うから専用の洗い場も用意してあげた方がいいね
2階の会議室を使おう
孝太くんも手伝って
ズッ
いざっ おもてなし！
ドピューン
もっと説明したかったんだけど…
ちょっと慌てんぼうなのよね…

メッカは北海道の真北だから…こっちね！
North
ちとせさ～ん
マット買ってきました！
どうしたのげっそりして？
げそ～～っ
近江さんの話が長くて…
ご苦労さま…
化粧室

で
は――
これどこに置けばいいんですか?
ここに
さっきのマット 急な出費は困るんです
英語のホームページなんか作ったから…
今後は気をつけますので…
化粧室をご利用の方へ
ムスリム(イスラム教徒)の方が
顔や体を洗うのに使用されることがあります
ご使用にご配慮ください
ひつじ屋
402
はい

ワヤン様　礼拝の場所でお困りではないですか？
部屋でしようと思っていました
必要ないかもしれませんが2階に礼拝の場所を用意しました
よろしければお使いください
これはその部屋の鍵です代用品ですが部屋の中に礼拝用のマットも置いてあります
手足を洗われる際には同じ2階のトイレをご利用ください入口にタオルも置いてあります
あと　これ…礼拝時間が日本時間で書いてありますメッカの場所は…
なんかまずいこと言ったかな？

いろいろと
本当にありがとう
感謝します
ひょこっ

ありがとう
はいっ！
日本語
上手ね
一件落着かな
大丈夫なんだろうね？
いやその…はい…
そう申されましても…

どうされましたか？
さっきの人たちイスラム教徒なんだろ？
はいインドネシアから来られた…
なんだか怖いわ
テレビで物騒なニュースばかり聞くし
厄介な人たちじゃないんだろうね？

ご心配
ごもっともです
僕に任せて
バチッ
えっと…
あの…少しだけ
お時間いただけます
でしょうか
後でご説明に
伺いますので

分かった
部屋に戻っているよ
助かりました
一体どうすればいいんですか
それは…
自分で
考えてごらん

そんなーっ！
ヒントは百聞は一見にしかず
料理は大丈夫なの？
そうだった〜
豚肉とお酒がダメなんですよね？
イスラム教徒の食事はハラールとハラームに分けられているんだ
○ハラール：許されたもの　×ハラーム：禁じられたもの
みりんやしょうゆにもたいていお酒が入っているから注意が必要だよ
豚のエキスが入ったものもハラームゼラチンにも入っているから注意して
血液を食することは禁じられているので肉はしっかり焼くこと
ハラームな食材を調理した調理器具で調理されたものを嫌がる人もいるので注意して

夕食のメニューどうしよ～
大丈夫！
料理はみんなで頑張るから
私もお手伝いします！
さっきのご夫婦をどうにかしないと
さっきのヒント「百聞は一見にしかず」って見れば分かるってことですよね？

そろそろ礼拝の時間じゃない？
?
そうか！
少しヒントを出し過ぎたかな？

ちょっと行ってきます！
忙しい子だねえ
私たちも頑張りましょう
ダダダダ
ガチャッ
あの
ご相談があるんです

303
コンコン
どうしました？
さっきのご説明を…
ああもういいよ
待ってください
イスラム教のことを知っていただきたいんです
ご夕食の前に2階の会議室に来ていただけませんか？
午後7時
こちらにお入りください
一体何ですか？

North
ムスリムの方は 1日5回 礼拝をします
日本にいるイスラム教徒の 数は1万人程度と いわれています
とても数が少ないので 日本人は普段 接する機会が ほとんどありません
心配なお気持ちは よく分かります
でもそれは よく知らないからだけ なのではないでしょうか

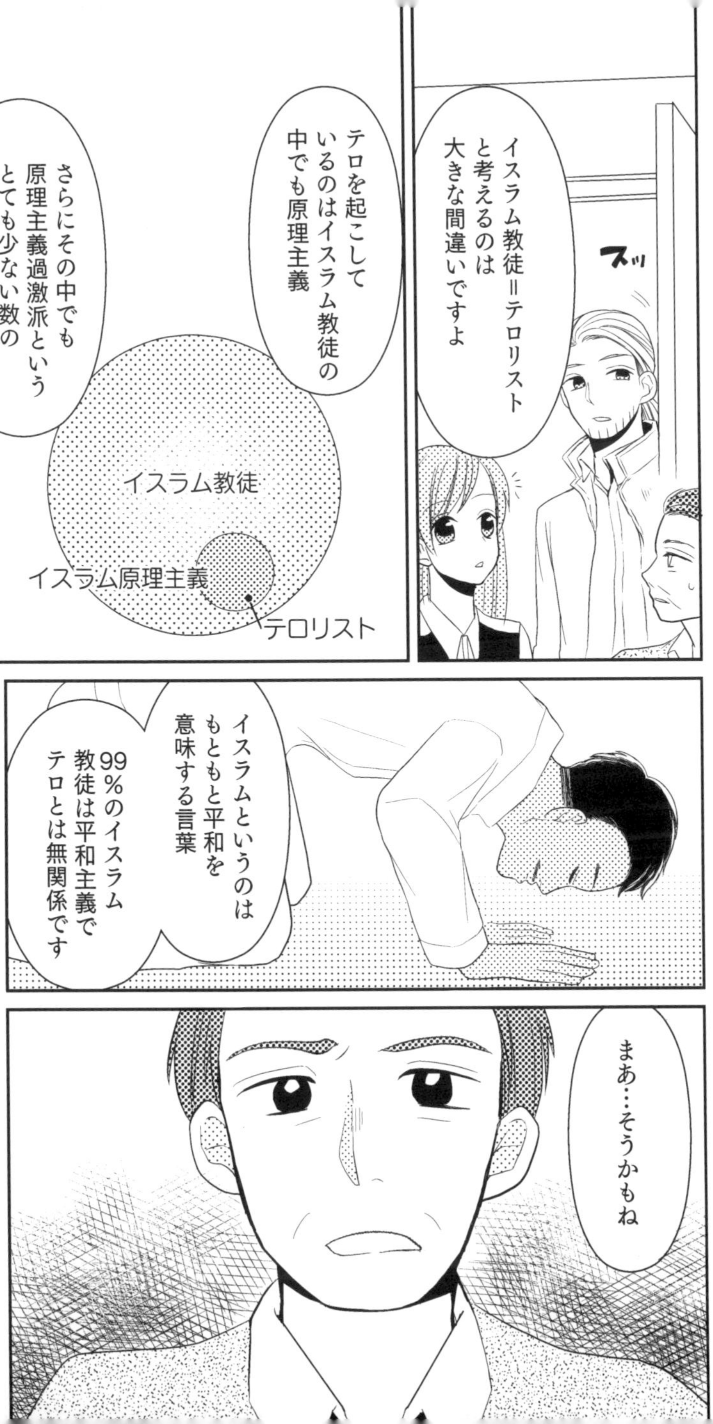

ズッ
イスラム教徒＝テロリストと考えるのは大きな間違いですよ
テロを起こしているのはイスラム教徒の中でも原理主義
さらにその中でも原理主義過激派というとても少ない数の人たちなんです
イスラム教徒
イスラム原理主義
テロリスト
イスラムというのはもともと平和を意味する言葉
99%のイスラム教徒は平和主義でテロとは無関係です
まあ…そうかもね

さっきインドネシアのご家族に礼拝のことを教えていただいたのですが
1日5回も礼拝なんて大変ですよね
あなたは1日に何食食べられますか？
朝食に昼食おやつに夕食と…
たまに忙しいときは夜食も食べちゃうかも

礼拝は1日5回するのですが食事を取るのにとても似ています

| 礼拝 | 日の出前 | 正午過ぎ | 夕方ぐらい | 日没後 | 寝る前 |
|---|---|---|---|---|---|
| 食事 | 朝食 | 昼食 | おやつ | 夕食 | 夜食 |

※礼拝時間は毎日変わります

食事は体の栄養ですよね
礼拝は心の栄養なんです
お祈りを終えた後は心が軽やかになるんですって
日本が好きで旅行に来られているんです
文化の違いを理解して温かく迎え入れるべきではないでしょうか
なるほど…知らないことばかりでした

夕食
ここに調理方法や材料を
すべて明記しました
食べられないものが
あったら教えてください
ありがとう
パク…
ぱあ
ああっ
もぐもぐ

おいしい！
ありがとー センキュー
ありがとう ございました
どういたしまして
あれ ヒジャーブは？
インドネシアでは ヒジャーブをかぶらない 若い女性が増えているみたいだね
だからこの家族も しないときが あるんだろうね
同じムスリムでも 国によって事情が 違うんですね

あの…先ほどは礼拝を見学させていただきありがとうございました
よろしければ一緒に飲みませんか？
あっ お酒は！
大丈夫 春子特製 山ぶどう ジュースだから
お酒を飲む ムスリムもいるよ
えっ!?
どんな物事にも 例外的な人が いるってこと
もちろん厳格な ムスリムが ほとんどだけどね

チ
ン…
※山ぶどうジュース
宗教って実際に
信仰している人に
接してみないと
頭の中の知識
だけでは
ダメですね

# 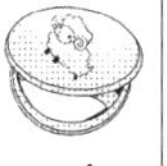イスラム教の成り立ち――ムハンマドの生涯

## 商人から預言者となったムハンマド

イスラム教は、7世紀前半、アラビア半島で始まった宗教です。創始者ムハンマド（570年頃〜632年）は、もともとは商人でした。ムハンマドは、現在のサウジアラビアにあるメッカに生誕。生まれる前に父が、6歳の時には母が亡くなり、祖父や叔父に育てられます。幼少期から正直者として知られ、後に商人として成功。25歳のときには、40歳の裕福な未亡人ハディージャと結婚し、安定した暮らしを手に入れます。

当時のアラブ人は、さまざまな偶像を崇拝する多神教でしたが、ムハンマドはそのことに疑問を抱いていました。40代になると、メッカ郊外のヒラー山にある洞窟にこもり、瞑想《めいそう》にふけることが多くなってきたのです。

## 多神教だったアラビア半島を一神教のイスラム教に統一

そんなある日、ムハンマドの元に、天使「ジブリール（ガブリエル）」が降りてきて、唯一神アッ

ラーの啓示を授けました。ムハンマドは、アッラーの言葉を伝える「預言者」となり、ここにイスラム教が誕生したのです。

ムハンマドはメッカで布教を続けますが、「人間は神の前で平等」と説く彼は富裕層から迫害を受け、北方の町メディナへ移住。この地で勢力を拡大した後、メッカに戻ります。そして「カーバ神殿」にあった異教の偶像を全てたたき割って、メッカをイスラム教の聖地としたのです。こうしてアラビア半島をイスラム教に統一したムハンマドは、632年、4万人の信徒を連れて大巡礼を行いました。しかし、その数カ月後、後継者を指名することなく、急病で亡くなってしまいます。

## KEYWORD

**アッラー**

アッラーとはアラビア語で唯一の神。英語にすると、「GOD」。ムハンマドが創始したイスラム教は、唯一神アッラーを信じ、服従を誓う宗教です。イスラムとは「絶対服従」という意味です。

**預言者**

預言者とは神の言葉を預かった者のこと。未来を言い当てる予言者とは違います。経典『コーラン』では、イエスやモーセなど25人の預言者を認めていますが、ムハンマドはアッラーから遣わされた「最後にして最大の預言者」であり、特別な存在です。

**平等**

イスラム教徒（ムスリム）は、アッラーの下で、民族・身分を超えて「平等」です。これは同じ一神教であるキリスト教との共通点であり、ユダヤ教との相違点です。

**カーバ神殿**

メッカに戻ったムハンマドが、カーバ神殿にあった偶像をたたき割ると、黒石が現れました。この黒石はイスラム教の聖宝とされ、カーバ神殿に祀《まつ》られています。

# イスラム教徒の生活――義務とタブー

## イスラム教徒の義務

「苦しいときの神頼み」とばかり、困ったときや願い事があるときだけ神仏を拝む多くの日本人とは違い、信仰と生活が密接に結びついているのが、イスラム教徒の大きな特徴です。

イスラム教徒（ムスリム）は、来世で天国へ行くため、神アッラーに絶対服従し、その言葉を守って生活しています。その基本が「六信五行」（24～25ページ参照）です。「五行」の一つ「断食（サウム）」は、エジプト出身で敬虔《けいけん》なイスラム教徒である大相撲の力士・大砂嵐によって、日本でもよく知られるようになりました。ラマダン（断食月）の1カ月間は、日の出から日没まで一切の飲食が禁じられます。しかし、日没後は食事を取ってもかまいません。1カ月間ずっと断食が続くわけではないのです。

## イスラム教のタブー

イスラム教では、やるべきことだけでなく、やってはいけないことも明確に定められています。代表的なのは、「豚肉を食べること」「女性が家族以外の男性に顔や体を見せること」「偶像を拝むこと」「利子を取ること」など。「飲酒は禁止」というおきても有名です。お酒を飲んでしまうとアッラーの存在を忘れ、礼拝を怠ってしまうから、というのがその理由。ですから、飲酒はだめでも、同じく嗜《し》好品《こうひん》であるタバコやコーヒーは認められています。

「一夫多妻制」もイスラム教の特徴の一つ。『コーラン』には、妻を4人までめとっていいと記されています。これは、一人の男性が複数の女性を養うことで、立場の弱い女性を守ろうという発想から生まれた制度。ただし、近年のイスラム諸国では一夫一妻が主流となっています。

### イスラム法とは？

ムスリムは、「シャリーア」と呼ばれるイスラム法に従わなければならないとされています。西洋の近代法では立法機関や支配者が法律を制定しますが、イスラム世界では神アッラーからの啓示をイスラム法学者が解釈し、社会生活に適用しているのです。

かつては、地域や慣習によってさまざまな見解がなされていましたが、これを統一するために下の４段階の法典が定められました。

- **コーラン**：アッラーの言葉を記した『コーラン』は最重要。最初は『コーラン』を参照する

↓

- **ハディーズ**：預言者ムハンマドの言行を伝承した『スンナ』を編さんしたもの

↓

- **イジュマー**：『ハディーズ』から根拠となる部分を探し、一致する答えを見いだしたもの

↓

- **キヤース**：『コーラン』『ハディーズ』に類似のケースを見いだし、類推して判断したもの

COLUMN

# イスラム教

## 最後の審判

「六信」(24ページ参照)の一つ〈天命〉は、「あらゆる運命は神アッラーによって定められている」という意味です。いつか訪れるこの世の終わり(終末)もアッラーのみが知っています。

終末の日には、アッラーが天変地異を起こし、世界が滅亡。やがて天使のラッパによって死者が復活し、アッラーの元で１人ずつ「最後の審判」を受け、天国行きか地獄行きかが振り分けられるのです。審判の基準となるのは天使の記録。コーランによると、人間には常に２人の天使が伴い、行動を見張って記録しています。生きている間の善行が多ければ天国へ、悪行が多かった人は地獄へ行くのです。

最後の審判の日に復活する肉体が必要なので、イスラム教では土葬が一般的。右半身を下にメッカの方角に顔を向けて葬られます。

## 偶像の否定

アッラーは不可視の存在であり、その姿を見ることはできません。勝手に想像して絵や彫像にすることも許されていません。イスラム教では、「神は創造主であり、創造された者(人間)が表現することなどできない」と徹底して「偶像崇拝」を禁じているからです。預言者ムハンマドやカリフ(ムハンマドの後継者)の偶像化も禁止。ですから、モスク(イスラム教の礼拝堂)には偶像などは一切置かれず、ムスリムは聖地メッカの方角に向かって礼拝します。

ムハンマドは、普通の人や動物の像を作ることも認めませんでした。現在も国によっては、アニメのキャラクターグッズなどが禁じられています。また、「人間の偶像を映している」という理由でテレビや映画を禁じている国もあります。

# 第2章

# 日本人は無宗教!?

「自分は無宗教」だと感じている人が多い日本
しかし、外国の人にそう話すと
思わぬトラブルを生むことも
ここでは、キリスト教について学びながら
日本人の信仰のあり方についても考えてみます

パチン
笑顔よしっ
笑顔チェックかあ〜
おもてなしには笑顔が大事だもんね
そのコンパクトかわいいね
実はこのコンパクトは…

いらっしゃいませ〜
き　今日は
あわわわわわ
パタパタ
外国のお客さまは入っていないはずじゃ…
やあ
ひょこっ
ショーンさん!
今日から1週間2人なんだけど空いてるかな?
お部屋たくさん空いてます
はいっ!

どうぞ
彼はトーマス
僕の友人で
北大の大学院で
言語文学を学んで
いるんだ
トーマス・ダイン
（アメリカ人、大学院生）
はじめまして
どうぞよろしくです
ガシッ
ショーンさん
顔広いですね…

すごいなー…
昔から そうなのよ
フフッ
昔から？
母を呼んで 札幌を案内することに したんです
でも下宿に 泊まらせるのは 狭過ぎるから
ショーンさんに 相談したら…
安くていい宿が あるよ
ほんと ですか！
で 今に至るってわけ
ご出身は どちらなんですか？
アメリカの ケンタッキー州 です
ルイビルって街 知ってますか？
すみません あまり詳しく なくて…

ケンタッキーダービーが有名だね トーマス・エジソンの出身地だよ
相変わらず物知りだなぁ
お二人はどんなお知り合いなんですか?
イギリス留学中にお世話になったんです
ショーンさんもオックスフォードの大学院にいて
オックスフォード!?
まあ昔の話は…
トーマスのお母さん何か困っているみたいだよ
むぅ〜
ほら ほら

法被《はっぴ》といって日本の伝統衣装なんですよ
英語がお上手ね
メアリー・ダイン
（アメリカ人、トーマスの母）
いい宿ですね
働いている人がいい人たちばかりだからね

植物
植物に興味が
おありなんですね
北大の植物園に行くと
楽しいと思いますよ
植物園？
北海道にしかない
植物がいっぱい
あるんです
明日ご案内
しましょうか？
いいの？
任せてください！
ちとせさんと
明日植物園に
楽しそうだね
楽しみだわ

夕食
今日のメニューは
メインはエゾ鹿のロースト
ニジマスのマリネ
野草の天ぷら　そばのスープ
いただきまー
おいしそ～
トーマス
まずは
お祈りでしょ！
はいっ…
クリスチャン
なんですね
とろ～っ

かなり敬虔《けいけん》なクリスチャンだね
お水どうぞ
ありがとう
僕もクリスチャンだけど食事の前にお祈りなんてしないよ
そうなんですか？
教会に行くのは葬式と結婚式だけ
ごはんの前は祈らないよ
教会にも行かないよ
イギリス人はそういう人が多いんじゃないかな
アメリカでも無宗教って若者が3割を超えたって話もあるね
なんだか日本と似てきているんですね
敬虔なクリスチャンが今も多いのはバイブルベルトなんじゃないかな
バイブルベルト？
アメリカの中西部から南東部は「バイブルベルト」と呼ばれていて熱心なキリスト教徒が多い
ココがケンタッキー州なのよ♪
トーマスのお母さんが住んでいるのはまさにバイブルベルトだよね

宗教って
ほんと知らない
ことばかり…
キリスト教は
ほかにも…
また後で教えてくださいっ
でもちょっと
トーマスさんのところに
あいさつに行ってきます！
まだ説明したいことあるんだけどな……
お食事
いかがですか？
どれも本当に
おいしいわー
近くの農家で採れた
野菜を調理して
いるんです
そうなのねー
とても敬虔な
クリスチャンなんですね

ちとせさんも信じるものはあるでしょ？
日本人だからブッディストなのかしら？
私の家って何宗だっけ？
メアリーさんみたいに熱心にお祈りをしないし…
お墓参りはするけど…
無宗教みたいなもんですね
無宗教!?

ごちそうさま
トーマス　行きましょう
ぺこ
ありがとう
ございました
おやすみなさいませ
?
翌朝

おはよう
ございます
植物園は何時に
出掛けましょうか
トーマスと行くから
案内はいいわ
そういう意味じゃ
ないんだって〜
つーん
母がちょっと
勘違いしちゃって
説明したんですけど…
ほぉーー

はーー
パチン
やあっ
ショーンさーん
トーマスから聞いたよ
何が悪かったのかなあ…
無宗教が原因みたいだよ
無宗教？
そんな意味じゃなかったんです

僕とトーマスは分かっているよ
でも敬虔なクリスチャンにはその理屈が通じないことがあるんだ
信仰心のあつい人にとって神様が存在しているってことは自明のこと
だから「自分は無宗教だ」と口にするのは神様の存在を否定している意味に取られちゃうんだ
きっとトーマスくんのお母さんはちとせのことをこんな風に思ったんじゃないかな
無宗教！
神様の存在を否定しているのね
神様を信じてないから天国には行けず
地獄の火に焼かれるのね
なんてかわいそうな人なの…
無宗教です
そんなー！

これからは外国人に「自分は無宗教です」とは言わない方がいいね
ブッディストと答えるか「神様がいるかどうかよく分かりません」と答える方がまだいいかな
誤解が解けるいいアイデアはあるよ
ほんとですか！
ニヤッ
ハッ
まさか
まずは自分で考えてごらん
やっぱりー
ヒントは「習うより慣れよ」
慣れよ？

やってみるってことですよね…
教会に行くとか…？
熱心なキリスト教徒だから旅行中も日曜礼拝をしたいだろうね
明日は日曜日だね
そっか！
ヒントあげ過ぎたかな…
ハハッ
「ひつじ屋」事務所

ひつじ屋
近所の教会を探して地図を持ってきてくれないかな？
至急でね！
ショーンさんのところにいるから
バタバタ
今度は何ですかねー
ブツブツ
この前のマットで…
……今月も切り詰めないと
経理はツラいよ
はぁー
ただいまで――す
孝太くんに教会の場所を探してもらっています
おかえり…
基本的な話なんだけど…

持ってきました！
速っ！
仕事ができる男って感じでしょ～
まあこんなの朝飯前ですよ！
○×カトリック教会
ハァ
やっぱり…
カトリックとプロテスタントは全くの別物だよ
えっ！
メアリーさんはプロテスタントだからカトリックの教会に案内するのは良くないね
一口にキリスト教といってもさまざまな教派があるんだ

# 教派の系譜

※出典　『知って役立つキリスト教大研究』(八木谷涼子／新潮社)

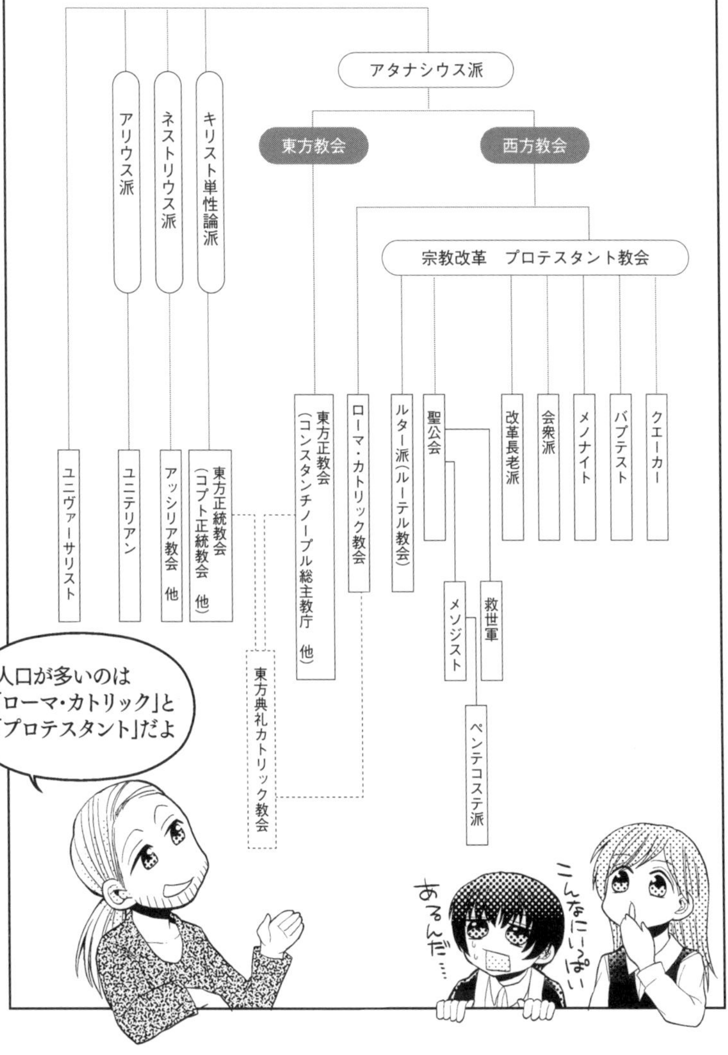

プロテスタントはカトリックのやり方に
反抗（プロテスタントは「抵抗者」の意味）する形でできたものなんだ
16世紀にローマ・カトリック教会がこれを買えば罪が軽くなるという免罪符を発行してね
それを発端にルターやカルバンの宗教改革が起こってキリスト教の教派が分かれていったんだ
学校で習った気がする…
アメリカ人はプロテスタントが大半
ピューリタンって言葉は知っているかい？
言葉は聞いたことあるけど…
僕も…

ルターとカルバンの宗教改革の100年ぐらい後にイギリスでは同様の背景から
ピューリタン（清教徒）が生まれたんだ
ピューリタン革命って知ってる！
言葉だけだけど
革命が起こるのはもっと後だけどね
そのピューリタンたちが信仰の自由を求めて17世紀の初めに新天地のアメリカに渡っていった
それが今のアメリカのプロテスタントの元になっていて
だからアメリカにはプロテスタントが多いんだね
プロテスタントって何でこんなにたくさんの教派があるんですか？
許容量《きょようりょう》オーバー
プスー
ルター？カルバン？カトリックでプロテスタント？

信仰の自由を尊重するのがプロテスタント
教義を自由に解釈してどんどん教派が増えていったんだ
より忠実に聖書を実践しようと聖書に書かれていることを全て事実と受け取って
進化論を否定したり
人工妊娠中絶を認めなかったり
飲酒を認めなかったり
同性愛 同性婚を否定したり
聖書の時代の暮らしに近づくために文明的な暮らしを
極力排除して暮らそうとする教派もいるね
電化製品もダメなの〜
聖書に書かれている事が全て真実だとする考えは「キリスト教原理主義」と呼ばれているんだ
日本のキリスト教徒のイメージとはずいぶん違うんですね
基本的にそれぞれの宗派は みんな異なる教会で礼拝をするんだよ
行かないよりましかもしれないけど
プロテスタントの人にカトリックの教会を案内するのはあまり良くないよね

そうなんですね…
半分くらいはわかったかな…
カラン
帰ってきたんじゃない？
カラン
あの…！
いろいろと不勉強ですみませんでした！
バッ
お願いがあるんです

明日　日曜礼拝に
ご一緒させてもらえませんか？
教会の場所は
明日調べてお持ちします
ねっ　母さん

朝早くから こんなに多くの 人が教会に
イエスが復活した のが日曜日だから 日曜日に礼拝を するっていわれて いるね
この教会 ステンドグラス とかないんですね
カトリックに比べて プロテスタントの教会は 総じて質素だよ

ほかにもこんな違いがあるよね
ちなみにお祈りの時に「アーメン」って言うけど「まさにその通り」って意味だよ
プロテスタント
十字架にはりつけにされたイエスはいない。礼拝を取り仕切るのは「牧師」
牧師さん見た目はフツーの人
カトリック
イエスがはりつけにされている十字架とステンドグラス。礼拝を取り仕切るのは「神父」
神父さん
礼服
今まで神様のことに関して不勉強で…
神様がいるかどうかってちゃんと考えてみることがなかったんです
これから時間をかけてしっかり考えてみようと思います

# キリスト教の教え――神の愛と隣人愛

## ユダヤ教徒だったイエス・キリスト

イエス・キリストは、紀元前4年頃、大工のヨセフとマリアの子として生まれました。結婚前だった母マリアは、天使ガブリエルから「神の子を授かった」と告げられ、処女のまま身ごもったとされています。結婚後、ヨセフとマリアは中東ベツレヘムへ行き、馬小屋でイエスを出産しました。

イエスは、敬虔《けいけん》なユダヤ教徒として育ちます。ユダヤ教には多数の律法（戒律・決まり）があり、これを順守しなければ神に救われないと説かれていました。やがて、イエスは律法を重視するばかりのユダヤ教に対し、批判の目を向けるようになります。30歳の頃、ヨルダン川のほとりで洗礼者ヨハネから洗礼を受けたイエスは、自らがキリスト（救世主）であることを自覚し、新たな教えの伝道を開始するのです。

## イエスによる「愛」の教え

イエスが説いたのは、神の愛「アガペー」です。

ユダヤ教では、ユダヤ人こそ神に選ばれた唯一の民族であり、神から与えられた律法を守る見返りに救われると考えられていました。一方、イエスは神を信じない者にも、律法を守れない者にも、「神は〝無差別〟で〝無償の愛〟を降り注いでくださっている」と説き、誰もが神の愛によって赦《ゆる》され、救われると教えたのです。そして、神の愛に応え、我々人間も「心を尽くして主なる神を愛せよ」と「神への愛」を説きました。

「自分を愛するように、あなたの隣人を愛せよ」という「隣人愛」もイエスの教えです。神の愛に倣って、敵味方関係なく他人を愛し、罪を赦しなさいと説き、自ら実践しました。

分け隔てなく人を愛し、手を差し伸べたイエスの思想は、キリスト教の教えの根本となっています。

## 『旧約聖書』と『新約聖書』

キリスト教の聖典は『旧約聖書』と『新約聖書』の２部構成になっています。「旧約」とはイスラエルの民が神と交わした「古い契約の書」、「新約」は神の子イエスを通した神との「新しい契約の書」を意味します。『旧約聖書』はユダヤ教では唯一の聖典とされています。

| | 旧約聖書 | 新約聖書 |
|---|---|---|
| 成立年 | 紀元前10世紀～紀元前2世紀頃 | 西暦50年頃～2世紀頃 |
| 言語 | ヘブライ語 | ギリシャ語 |
| 構成 | 全39書、929章 | 全27書、260章 |
| 内容 | イスラエルの民に伝わる天地創造神話「創世記」をはじめとする「モーセ五書」と、それに続く歴史書、預言書など | ４人の使徒（マタイ、マルコ、ルカ、ヨハネ）による「四福音書」、使徒言行録、パウロの手紙、ヨハネの黙示録など |

# ユダヤ教・キリスト教・イスラム教とヘブライズム

## 唯一絶対の神を信じる一神教

　現代の世界にも大きな影響を与えているユダヤ教、キリスト教、イスラム教。実は、この三つの宗教は兄弟的な関係にあります。キリスト教とイスラム教は、もともとユダヤ教から枝分かれして誕生しているのです。3宗教の基盤となっている考え方が「ヘブライズム」です。

ヘブライズムとは「ヘブライ人の思想」のこと。ユダヤ教を興したのがヘブライ人です。「ヘブライ」とは国境を越えてきた者という意味で、古代ユダヤ人を指します。ヘブライズムの第1の特徴は、「唯一絶対なる神がこの世を創造して支配している」と考える「一神教」であることです。ユダヤ教の「ヤハウェ」、キリスト教の「父」「主」「ゴッド」、イスラム教の「アッラー」は同じ神。呼び方は違いますが、三つの宗教は唯一なる神を崇拝しているのです。

## 生前の行いによって死後、天国か地獄かが決められる

ヘブライズムでは「偶像崇拝」を禁じています。「神は不可視の存在であり、人間が目で見ることなどで

きるわけがない」と考えられているからです。その目に見えない神が、超自然的な現象である「奇跡」を通じて人々にその存在を示すというのもヘブライズムの特色。例えば、映画『十戒』に描かれている、モーセが海を割った有名な場面。あれは、神ヤハウェが「奇跡」を起こして、ユダヤ人を守ったというシーンです。

「人々が律法を守る見返りに、神は来世での救済を約束する」という、神との「契約」に基づいた「終末思想」も3宗教に共通しています。ユダヤ教、キリスト教、イスラム教ともに、この世の終わりの日に、神による「最後の審判」が行われ、全ての人間に天国行きか地獄におちるかの判断が下されると考えられています。

### 3つの宗教の聖地 エルサレム

エルサレム（イスラエル／パレスチナ）の旧市街、およそ1km四方の地域には、それぞれの宗教における聖地が存在します。

**ユダヤ教「嘆きの壁」**

ユダヤ教徒は旧約聖書に登場する「聖なる岩」の場所に神殿を建てましたが、ローマ帝国によって破壊されてしまい、現在は西側の壁のみが残されています。「嘆きの壁」と名付けられたこの場所はユダヤ教徒が祈りを捧げる場所として知られます。

**イスラム教「岩のドーム」**

天使に連れられ、メッカからエルサレムにやってきた預言者ムハンマドは、「聖なる岩」に手をついて天へ向かったとされます。この岩を祀《まつ》っている建物が692年に建立された「岩のドーム」。メッカ、メディナと並ぶイスラム教の聖地となっています。

**キリスト教「聖墳墓教会」**

新約聖書には、イエス・キリストが十字架に架けられたのは「ゴルゴタの丘」と記述されています。ここに建てられた「聖墳墓教会」はキリスト教にとっての聖地です。

COLUMN

# キリスト教

## 「神父」と「牧師」

キリスト教にはさまざまな教派が存在しますが、特に大きいのが「ローマ・カトリック」と「プロテスタント」。それぞれの教派で教会を運営するのが「神父」と「牧師」です。

ローマ教皇(法王)を頂点としたピラミッド形の組織を有している「ローマ・カトリック」。聖職者には階級があり、地域の教会を運営する司祭を一般的に「神父」と呼んでいます。神父は信者の懺悔《ざんげ》を聞き、祈りを捧げさせるなどの教育的役割も担っています。妻帯は認められていません。

「プロテスタント」の組織には、階層や上下関係がありません。厳粛な儀式や修道院での厳しい修行を行わない、教会で懺悔《ざんげ》するという習慣がない点などもカトリックとの違いです。プロテスタントの教会を運営するのが「牧師」。牧師は一般の信者と対等とされ、結婚することもできます。

## 三位一体《さんみいったい》

キリスト教の特徴的な教えの一つに「三位一体」があります。「神」はこの世界を創造した唯一絶対の存在ですが、その父なる「神」、神の子「イエス」、人々を神のもとへと導く「聖霊」は本質的には同じであって、三つの位格(ペルソナ)を持って現れるというものです。この考え方は、ごく少数の教派を除いて、広く認められています。

# 第3章

# 南無阿弥陀仏の意味

仏教徒が多い日本
しかし多くの日本人が仏教に触れるのは
お葬式やお墓参りのときだけ
自分の家の宗派を知っている人も、少ないのが現実です
ここでは、仏教について考えてみます

♪
♪
上川
こっ
ひょ
お父さん
お見舞いだよ～
あれ？
上川さんなら
先生のところ
先生？

来てくれてたのか
お帰りなさいっ
リンゴいっぱい持ってきたよ

もぐ
もぐ
お父さんって本当にリンゴ好きだよね〜
先生と何の話だったの？
あとどのくらいかかりそうか聞いてたんだ
そろそろ退院できそう？
もう少しかなあ…

早く退院できるといいね
待ってるから
孝太くんがさ〜
そういえばうちって何宗？
何宗？
仏教の宗派のこと
うちが何宗とか知らないな…って思って
それに
外国からのお客さまのおもてなしには宗教のことも勉強しておかなきゃって
西江さんのマネ
ちとせメモ
なるほどね
でうちって？
浄土真宗だけど
いろいろ教えてほしいことがあるんだよね
お父さんに聞かれても困るよ宗教の専門家じゃないし

そっか…
宗教の専門家なら今ホテルに泊まっているじゃないか
はっ
まさか
ショーンさん!?
ショーンさんと知り合いだったの!?
学生時代によく来てくれたんだ
学生!?
覚えてない？
ふる
ふる
オックスフォードって言ってたし…
ちとせは2歳ぐらいだったから覚えてないか？
それはちがうと思うよ

確かショーンくんは
東洋哲学が
専門だったはず
東洋哲学？
だから仏教には
結構詳しいと思うよ
ほんとに!?
ありがとう
今から
聞きにいってみる！
バッ
バタ
バタ
バタ
せっかちな
ところは…
お母さんに
そっくりだな…

教えてくれればいいじゃないですか〜
隠してたわけじゃないけど
昔の事だし
常連さんだったんですか
若いころね
若いころ…?
Yeah
それはちがうんじゃないかって
ゴトン
じゃあまずは…仏教の創始者は知っているよね?
ブッダですよね

そうブッダ
もともとの名前は
ゴータマ・シッダルタ
「ブッダ」というのは悟った人という意味
「釈迦《しゃか》」とも呼ばれているよ
仏教はイスラム教やキリスト教とは根本的に違う宗教なんだ
違う？

**イスラム教**

ムハンマドは天使ガブリエルを通じて神（アッラー）の声を聞き届ける
⬇
ムハンマドは預言者（神の言葉を預かるもの）となる
⬇
ムハンマドが神から預かった「六信五行」の命令を中心に、神（アッラー）が信仰されるようになる

**キリスト教**

イエスが「神は差別なく、全ての人々を愛している。私たちも神と隣人を愛さなければいけない」と人々に説いて回る
⬇
イエスは彼を危険分子とみなす者たちによって十字架にはりつけとなる
⬇
イエスは復活し「神の子」と称される。「神（父）」「イエス（子）」「聖霊（神の力）」の三位一体が信仰されるようになる

**仏教**

ゴータマ・シッダルタは、人間は生老病死の苦しみから逃れられないことを痛感して出家する
⬇
6年間厳しい修行をするが、悟りを得ることができない
欲望に身をゆだねるのもダメだが、むやみに苦行するのもダメ
極端を避けた「中道」であることが大切なことに気がつき、人類の普遍的真理についての悟りを開く
⬇
自らがブッダ（悟った人）となり、悟りを開くための教えを伝えるようになる

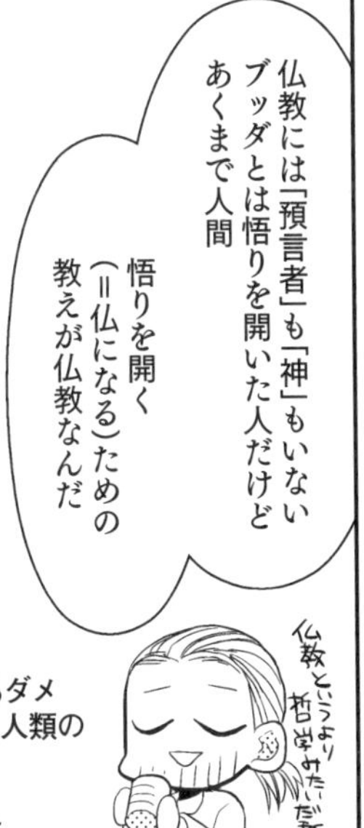

仏教には「預言者」も「神」もいない
ブッダとは悟りを開いた人だけど
あくまで人間
悟りを開く
（＝仏になる）ための
教えが仏教なんだ

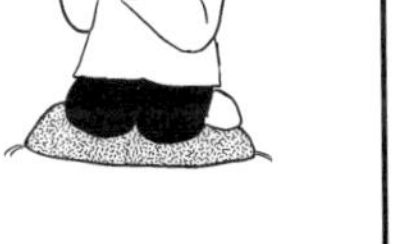

仏教というより哲学みたいだな

ブッダって神様じゃなかったんですね
ブッダは何を悟ったんですか？
四つあるんだけれど順に説明するね
『平家物語』にも「諸行無常の響きあり」って一節があるよね
①一切皆苦　人生は全て苦しみである
②諸行無常　この世の全てのものは、自分の力の届かない所にある存在の真理（法）で生まれ、そして消えるということ
③諸法無我　自分という存在も永遠の存在ではなく生まれそして消えるということ
ブッダは世の中に不変なものなど存在しない
でもそのことを理解していないから煩悩が生じ苦しみの原因になると説いたんだ
そして四つめが涅槃寂静《ねはんじゃくじょう》

④涅槃寂静
①～③を理解し自己への執着を断てば煩悩の炎は消え去って苦しみのない安らぎの境地に至れる
人生の苦しみから解放された悟りの境地だね
宗教というより人生哲学かも
日本の仏教のイメージとかなり違いますね
ブッダの死後仏教は日本に来るまでに発展・変化をしていくんだ
まず上座部仏教と大乗仏教に分かれる
大乗仏教は知ってる！
ひつじ屋
じーっ
言葉だけです…

二つの考え方の違いはこう
上座部仏教
ブッダのように自分たちも修行をして悟りを開こうとする考え方
大乗仏教
自分たちは修行をしても到底ブッダの境地に至れそうにもないから、ほかの方法として他者への施しに努めようという考え方
小乗仏教っていうのもありましたよね？
それは上座部仏教の蔑称
修行した人しか悟れないので
大乗仏教の人が「小さい乗り物」って揶揄《やゆ》したんだね
日本の仏教は中国を経由して伝わった大乗仏教
たくさんの宗派があるよね

## 主な仏教宗派と信者数

| 宗派 | | | 信者数(約) |
|---|---|---|---|
| **天台系** | | | |
| 天台宗 | 和宗 | 合計 | 302万4000人 |
| 天台寺門宗 | 念法眞教 | | |
| 修験道 | 孝道教団 | | |
| 金峯山修験本宗 | | | |
| **真言系** | | | |
| 高野山真言宗 | 信貴山真言宗 | 合計 | 911万8000人 |
| 真言宗醍醐派 | 真言三宝宗 | | |
| 真言宗善通寺派 | 中山身語正宗 | | |
| 真言宗智山派 | 光明念仏身語聖宗 | | |
| 真言宗豊山派 | 真如苑 | | |
| **浄土系** | | | |
| 浄土宗 | 真宗高田派 | 合計 | 1806万8000人 |
| 浄土真宗本願寺派 | 融通念佛宗 | | |
| 真宗大谷派 | 西山浄土宗 | | |
| **禅系** | | | |
| 臨済宗妙心寺派 | 一畑薬師教団 | 合計 | 521万6000人 |
| 臨済宗建長寺派 | 曹洞宗 | | |
| 臨済宗円覚寺派 | 黄檗宗 | | |
| **日蓮系** | | | |
| 日蓮宗 | 本門佛立宗 | 合計 | 1294万6000人 |
| 日蓮正宗 | 妙道会教団 | | |
| 法華宗(本門流) | 妙智会教団 | | |
| 法華宗(陣門流) | 佛所護念会教団 | | |
| 大乗教 | 立正佼成会 | | |
| **奈良仏教系** | | | |
| 真言律宗 | 法相宗 | 合計 | 71万1000人 |
| **そのほか** | | 合計 | 7000人 |

※出典:『宗教年鑑　平成26年版』(文化庁編)

こんなにあるの！
ひぇ～
一番多いのは浄土系だよ
大乗仏教はブッダの教えをさらに解釈していこうという考え方だから
たくさんの宗派が生まれたんだね
プロテスタントの宗派に似てる
日本の仏教はブッダの教えを発展させていったものだから
教えの根幹は一緒なんだけど違う点も多いんだよ その違いは…
ちとせちゃんの家って何宗？
浄土真宗
春子さーん
何だい？

春子さんも浄土真宗だよね説明してあげて
私がかい!?
日本のことは日本人に説明してもらうのが一番
それにボク
これから熊の置物を買いに行くから
熊!?
近くのお店でいいのを見つけたんだよね
孝太くん運ぶの手伝え♡
今じゃなくったって…
はーい
ブーブー
また「自分で考えてごらん」ですか〜
ヒントは
「ローマは一日にして成らず」

行ってきます！
ボーゼン…
あとアレもコレもあってね
はいはい
ローマかあ～
ちょっと家にでも来るかい？
ホテルを空けて大丈夫かな？
大丈夫！今日お客さんほとんどいないから
複雑な心境だ…
ほとんどいないって…
北見

ナンマンダブ
ナンマンダブ
私に説明
できるのかねー
浄土真宗の
ご本尊は阿弥陀如来
なんだけど
どんな仏様
なのかは知ってる?
阿弥陀様はね
「必ず救うわれに任せよ」って
生きとし
生けるもの
全てを救おうと
フル フル フル
働き続けてくれる
仏様なの

やっぱり春子さん詳しい！
私も昔は宗教なんて全然分からなかったの
夫が亡くなったときからよねー
うちの夫はずいぶん早くに亡くなったのよ45歳のときに交通事故で
……
そうね
ちとせのお母さんもよね…
夫が亡くなると子どもがいなかったから
一人ぼっちになっちゃってね

アルバム
家に引きこもって毎日を過ごしていたの
でもあるとき
ご住職の言葉を思い出したの
毎日念仏を唱えるようにするといいですよ
朝と晩に念仏を唱えてみることにしたの
最初は義務的に唱えているだけだったんだけど

いつの間にかね
徐々に気持ちが
楽になってきたの
前を見て
生きなくちゃって

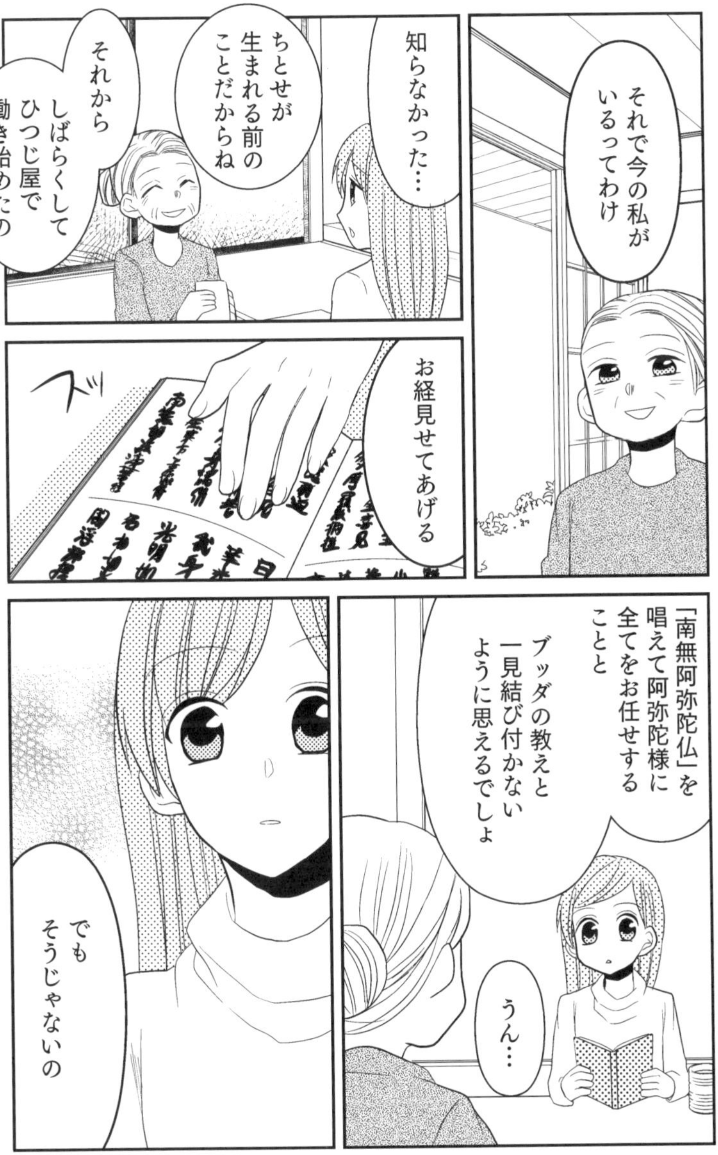
それで今の私がいるってわけ
知らなかった…
ちとせが生まれる前のことだからね
それからしばらくしてひつじ屋で働き始めたの
お経見せてあげる
ズッ
「南無阿弥陀仏」を唱えて阿弥陀様に全てをお任せすることと
ブッダの教えと一見結び付かないように思えるでしょ
うん…
でもそうじゃないの

昔の私は夫との思い出に固執して
悲しみから抜け出せないでいたの
これがブッダの言う煩悩なのかしら?
でも南無阿弥陀仏と唱えることで
悲しみから抜け出せたの
何かを悟ったわけじゃないけど
私にとっては大きな前進

今こうして生きていられることを阿弥陀様に感謝する気持ちでお念仏を唱えていると
自分がさまざまなご縁によって
今生かされていることが分かってくる
つじ屋
つじ屋
自分に謙虚になることができる
お念仏を唱えることって
心を見つめ直す作業なんだと思う

心を見つめ直す…
少しは役に立ちそうかしら?
ヴ〜ん
少しだけ分かったような…
唱えることで心が無になって…
毎日を大切にできる…とか?
ふふふ
そんなに早く分かるわけないわよね

私だって まだまだ分かって いないいんだから
これから何年 かかるんだろ～
すっ
これが「ローマは一日にして成らず」!?
ショーン いいこと言うわね

# 仏教ができるまで――ブッダの生涯

## 生老病死、四つの苦しみを見て出家

仏教の開祖、ゴータマ・シッダルタ（紀元前４６４年頃～紀元前３８３年頃。異説もあり）は、古代インドのルンビニー（現在はネパール領）にシャカ族の王子として誕生しました。仏教の伝説によると、母親の右脇の下から生まれてすぐ7歩歩いて「天上天下唯我独尊《てんじょうてんげゆいがどくそん》（宇宙の中で我よりも尊いものはない）」と宣言したといいます。生後7日目にして実母を亡くしますが、王である父によって何不自由なく育てられ、16歳で結婚し、長男をもうけます。

あるとき、ゴータマ・シッダルタは、家の東門で老人に、南門で病人に、西門で死者の葬列に、北門で出家者に出会い、「老」「病」「死」、そして「生」の苦しみ「四苦」を目にして出家を決意しました。この伝説を「四門出遊」といいます。

## ブッダ＝悟った人

29歳で出家したゴータマ・シッダルタは、長期間の断食などの厳しい修行に励みます。しかし、6

年もの間、苦行を続けても悟りを得ることはできませんでした。その後、修行地を後にし、村娘スジャータから施された乳粥《かゆ》で体力を回復すると、菩提樹《ぼだいじゅ》の下で座禅瞑想《めいそう》に入ります。そして7日目、ついに悟りを開くことができたのです。35歳の時でした。「ブッダ（仏陀）」とは「悟った人」という意味。ゴータマ・シッダルタは悟りを得て、ブッダとなったのです。

ブッダは、欲望に身をゆだねるのも、むやみに苦行するのも無意味だと考え、快楽も苦しみも忘れ去った安らかな心持ちで悟りに至りました。快楽と苦行の両極端を避けたこの修行方法を「中道」といいます。

ブッダは、中道こそが悟りに必要な態度だと教えを説いたのです。

### 仏教は人生の苦悩を理解して悟りを開くための教え

**四苦八苦**（人生の苦しみ）

**四苦**＝生　老　病　死

**愛別離苦《あいべつりく》**
愛する者と別れる苦しみ

**怨憎会苦《おんぞうえく》**
恨み憎しむ者に出会う苦しみ

**求不得苦《ぐふとくく》**
求めるものを得られない苦しみ

**五蘊盛苦《ごうんじょうく》**
あらゆる苦しみ

↓

**四諦《したい》**（四つの真理）
苦諦《くたい》・集諦《じったい》・滅諦《めったい》・道諦《どうたい》

**八正道《はっしょうどう》**
（八つの正しい修行法）
正見《しょうけん》（正しい見解）・正思惟《しょうしゆい》（決意）・正語《しょうご》（言葉）・正業《しょうごう》（行為）・正命《しょうみょう》（生活）・正精進《しょうしょうじん》（努力）・正念《しょうねん》（思念）・正定《しょうじょう》（瞑想）

**五戒《ごかい》**＝五つの戒め

**八斎戒《はっさいかい》**
五戒に三つの戒めを加えたもの

↓

**涅槃《ねはん》**＝一切の苦しみから解放された不生不滅の境地

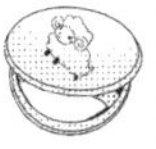

# 仏教の伝来

## 独自の発達を遂げた日本の仏教

仏教は中国大陸から朝鮮半島を通って、6世紀前半に日本へ伝わりました。仏教が誕生したインドの自然環境は、雨期と乾期の差が激しく、せっかくの作物もモンスーンによって流されてしまう厳しいもの。その過酷さの中から、「生は苦しみ」という死生観が生まれました。一方、日本は温暖で、自然の幸も豊富です。こうした環境の差から、日本の仏教はインドとは違う独自の発達を遂げました。

当時、日本はヤマト政権の時代。蘇我氏と物部氏が政権をめぐって争っていましたが、崇仏派の蘇我氏が勝利。6世紀末～7世紀初めには都の置かれた飛鳥で仏教が栄え、豪族らが競って氏寺を建立しました。これが日本初の仏教文化「飛鳥仏教」です。ただし、まだ仏教の本質は理解されておらず、おまじない的に扱われていました。

## 日本に仏教を根付かせた聖徳太子

この時代に、正しく仏教を理解していたのが聖徳太子（厩戸王《うまやどのおう》／574～622年）でした。聖徳太子が制定した十七条憲法を見ると、積極的に仏教を取り入れようとしていたことが分かります。
第二条は「篤《あつ》く三宝を敬え」。三宝、つまり「仏」（仏様）、「法」（教説）、「僧」（修行者の集まり）を敬いなさいという意味。第十条には、「われ必ずしも聖《ひじり》にあらず、彼必ずしも愚《おろか》にあらず、共にこれ凡夫《ぼんぷ》なるのみ」とあります。「凡夫」とは煩悩に苦しむ者のこと。私もあなたも煩悩に苦しむ人間であり、その意味で誰もが平等であると捉えたのです。有名な第一条「和をもって貴しとなし、逆らうことなきを宗とせよ」も、人は皆「凡夫」であるから他人の意見にも耳を傾けるべきだという意味です。

### 鎌倉仏教の宗派

日本では平安時代後期から鎌倉時代にかけて、仏教が爆発的に流行しました。戦乱が続く社会不安の中、武士も民衆も内面的な救いを求めていたからです。僧侶たちもその願望に応え、新しい宗派が次々と誕生しました。

**浄土宗**

開祖：法然（1133～1212年）

「南無阿弥陀仏《なむあみだぶつ》」と念仏を唱えれば極楽浄土へ行ける。

**浄土真宗（一向宗）**

開祖：親鸞（1173～1262年）

この世の全ては阿弥陀如来の計らいであり、その救いへの感謝として「南無阿弥陀仏」と念仏を唱える。

**時宗**

開祖：一遍（1239～1289年）

阿弥陀仏に救われた喜びを踊念仏で表現する。

**法華宗（日蓮宗）**

開祖：日蓮（1222～1282年）

法華経こそが唯一の帰依の経典。「南無《なむ》妙法蓮華経《みょうほうれんげきょう》」と題目を唱えれば即身成仏できる。

**臨済宗**

開祖：栄西（1141～1215年）

雑念を払って座禅を組み、師から与えられた問題を解決しながら悟りに到達する。

**曹洞宗**

開祖：道元（1200～1253年）

ひたすら座禅に打ち込む。ただ座禅を組む修行そのものが悟りを体現している。

COLUMN

# 仏教

## 輪廻《りんね》

「輪廻《りんね》」とは、インドの古代宗教バラモン教の影響を受けた死生観。人間を含め全ての生き物の魂は、死んだ後もほかの人間や生き物に生まれ変わり、車輪が回転するようにこれを繰り返す(輪廻転生)というものです。

来世の行方を決めるのは、前世での行動(業)。人間は、前世での行動によって、「天」「人」「修羅《しゅら》」「畜生」「餓鬼」「地獄」と六つある世界のどこかに生まれ変わります。これを「六道輪廻」といい、この輪廻から抜け出すことが「解脱」です。仏教では、悟りを開けば解脱でき、生きる苦しみから逃れて、「極楽浄土」で暮らせると教えています。

## 親鸞《しんらん》の「絶対他力」

日本の仏教に大きな影響を与えた人物の1人が、鎌倉時代に浄土真宗(一向宗)を開いた親鸞です。

下級貴族の家に生まれた親鸞は、幼くして両親と死別。9歳で比叡山延暦寺に入って天台宗の修行をし、29歳のときに下山し、師となる法然(浄土宗の開祖)と出会います。そして、「南無阿弥陀仏と念仏を唱えれば、極楽に往生できる」という法然の教えをさらに発展させました。

親鸞が説いたのは、「念仏を唱えると救われるのではなく、すでに阿弥陀仏の慈悲によって救われており、その救いへの感謝が念仏として口をついて出るのだ」というものです。おのれの力(自力)での救済を否定し、阿弥陀仏の力(他力)にゆだねよと説く親鸞のこの思想を「絶対他力」といいます。

# 第4章

# 日本には神様がいっぱい

日本固有の宗教を神道《しんとう》といいます
日本には八百万《やおよろず》の神がいて
その神々への信仰、お祭りが大切にされてきました
ここでは、なぜ日本に神道が生まれたのかに
ついて学びます

北海道神宮・神門前
お父さんが早く退院できますように…
あと　いっぱいお客さんが来て旅館が繁盛しますように…
それと　仕事をもっと頑張れますように…
それと…
ずいぶん熱心にお参りしてるね～

ショーンさん！トーマスさんも！
やあっ
びっくりした～こんな所にいるなんて
こっちもびっくりしたよ
この前はご迷惑をお掛けしました
私の方こそ
あれから母とても喜んで帰っていきました
よかった～！
何で神社に？
ふたりともクリスチャンでしょ？
僕は母と違って実はそんなに熱心なクリスチャンじゃないんです
母が来ていたときはそうしていましたが普段は食事の前にお祈りなんてしないし

あの母の一件で僕も宗教のこと勉強してみたくなって
神道のこと知りたいって言うから案内してたってわけ
「神道《しんどう》」の勉強にきました
「しんどう」じゃなくて「しんとう」って読むんだよ
……
勉強になります
ひょっとしてショーンさん？
これから境内を巡るんですが
ご一緒しませんか？
ぜひ！

トーマスさん あっちに面白いものがあるんですよ
面白い？
たくさんある～
あたしも行こうかな
これは…？
絵馬
願い事を書くと それがかなうって いわれているの
馬？
神社に馬を奉納していた昔の風習が元みたい
外国語も多い！
外国人観光客もいっぱい来ているんですね

ごめん
つい話がいがはずんじゃって
知り合いですか？
学生時代論文でお世話になって
おう絵馬かいたの
どこまで顔広いんだろ…
気持ちいい〜
そうだね
ここは開拓神社
北海道の開拓に尽力した人たちが祀られているんだ

蝦夷地を測量したことで知られる探検家の間宮林蔵
北海道開拓の父と呼ばれる開拓判官(役人)の島義勇《しまよしたけ》
探検家で「北海道」の名付け親でもある松浦武四郎らが祀られているよ
37人も祀られているんだ～
神様なので正しくは37柱《はしら》ね
神様は柱って数えるんだ
じゃあお参りしよう～
絶対に日本人より詳しいですよね…
向こうの神社は?
あれは鉱業従事者の殉職者が祀られている札幌鉱霊神社

その隣が穂多木神社
北海道拓殖銀行の功労者たちが祀られているよ
開拓神社もそうだけど北海道のために働いた人たちが祀られているってことですね
労働と神様のご加護って日本人にとっては切り離せない関係にあるんじゃないかな
大きな会社の屋上に神社があったり
会社の一角に神棚を祀っていたりすることってよくあるよね
神道が多神教とは知っていましたがこんなに神様がいるとは…
神道では人々が感謝や畏れを感じて祀ったものが神様になるんだ

# 神道の神様いろいろ

ありと
あらゆるものが
神様になる神道
ちなみに
北海道神宮は
以下の４柱

## 北海道神宮

**大国魂神《おおくにたまのかみ》**…………北海道の国土の神様

**大那牟遅神《おおなむちのかみ》**………国土経営・開拓の神様

**少彦名神《すくなひこなのかみ》**…………国土経営・医薬・酒造の神様

**明治天皇《めいじてんのう》**…………近代日本の礎を築かれた
第122代の天皇

## 戦国武将が神様に

- **日光東照宮**……徳川幕府初代将軍徳川家康を祀っている
- **豊国神社**………天下統一をした豊臣秀吉を祀っている

## 怨霊が神様に

- **北野天満宮**……菅原道真を祀っている
- **神田明神**………平将門を祀っている

ほかにも
いろんな
神様がいるよ

## 自然が神様に（信仰の対象に）

- **大神神社**…………………三輪山
- **熊野那智神社**……………那智の滝
- **富士本宮浅間大社**………富士山
- **白山比《ひ》咩《め》神社**……………白山

八百万《やおよろず》の神って言葉は知っているよね？
ありとあらゆるものに神様が宿っているってことですよね？
そう　だから トイレにだって 神様がいる
そんな歌 ありましたよね…
少し 休憩しようか
キリスト教のような「一神教」と 神道のような「多神教」が 全然違うことが よく分かりました

かわいい～
日本の豊かな自然と風土が神道を作り上げたんだろうね
日本は水源が豊富で水不足に悩まされることもないし
お米もとれるし海に行けば魚だって採れる
美しい四季や自然がいつもそばにある
だからさまざまなものには神様が宿っている
この生活がいつまでも続くように神様に感謝しようって
考えるようになったんじゃないかな

そっか
砂漠の宗教!
神道はイスラム教
とは対照的だよね
イスラム教は
砂漠の宗教とも
呼ばれてるんだ
あれ
いなくなってる
イスラム教が生まれた
アラブ諸国は
大半が砂漠
水は少ないし
当然作物は育たない
日々とても厳しい
環境にさらされている

大変だけれど
唯一神であるアッラーに絶対的な服従を誓えば
最後の審判の日に天国に行ける
イスラム教は厳しい生活の中での心のよりどころとなってるんじゃないかな
日本の神道って一種のアニミズムなんですね
アニミズム？？？
アニミズムはねあらゆるものに霊魂が宿るという考え方
日本だけじゃなくて世界中の民族に見られるんだよ
ラテン語のａｎｉｍａが語源で生や魂って意味
多神教はヒンズー教や中国の道教などもそうだね
シャーマニズムともいえますよね
シャーマニズム？？？？

シャーマン
霊媒のこと
神や霊と交信できる人
巫女《みこ》は一種の
シャーマンだよね
邪馬台国の卑弥呼
神道はアニミズムとシャーマニズムの流れが現代まで続いているものなのか！
なかなか面白いでしょ
何か置いていかれちゃってる感じがするんですけど…
ラーーん
ちとせ メモ
神道はまだまだ奥深いよ～
アニミズム的な神道の理解はある程度簡単なんだけど
問題は日本の神道が奈良時代からさまざまな時代的な影響を受けながら、現代まで発展してきているってこと
それも押さえないと神道を知ってるってことにはならないよね
まだあるんですか～

世界の宗教
これを読んでみるといいよ
まんがで学ぶ？
宗教を知ることは旅館で働く知識としても大切だけど
社会を知る上でも大切だと思うよ
僕の分は？
ごめん 1冊しかない
そんなー
ありがとうございました
北海道神宮を歩いたのは久しぶりで楽しかったです
あんまり来ないの？
近いんだけどなかなか機会がなくって

いい場所なのに
もったいない
桜の時期も
いいんだよね
桜かあ
昔 お母さんと
来たなあ…
お母さん
あれ見て!

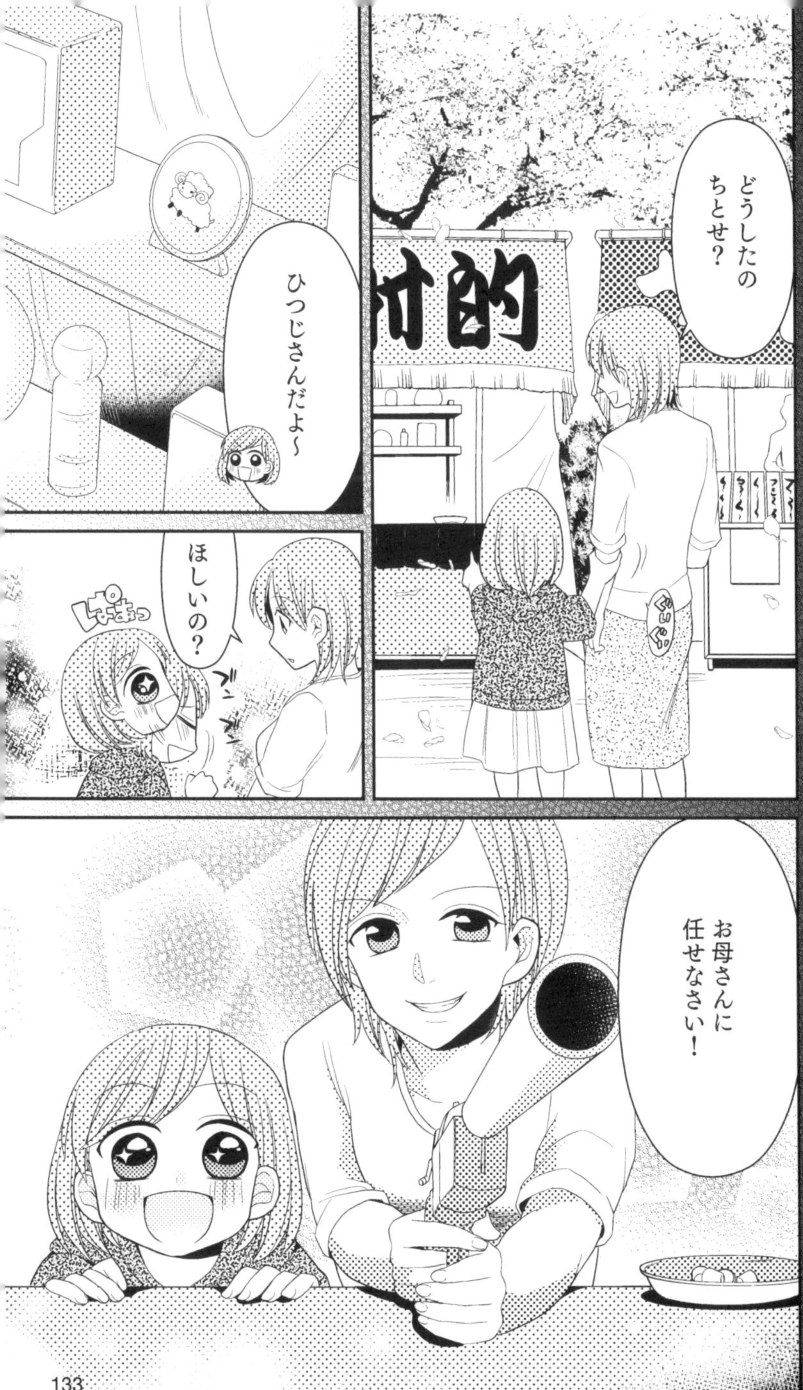
どうしたの
ちとせ？
ひつじさんだよ〜
ぱあっ
ほしいの？
お母さんに
任せなさい！

ごめんちとせ 全っ然 とれないよぉ もうやだー
おかあさん がんばって
20回もやって ようやく 取れたんだよね
くす くす
どうしたの?
秘密♡
日本人の宗教観って 面白いですよね
そうですか?
初詣にも行くし お葬式はお寺で
クリスマスは 教会に 讃美歌を聴きに 行くことだって あるでしょ
確かに
日本人の宗教観 もっと深く 知りたいよね~
にまーっ
嫌な予感…
今度トーマスに 教えてあげてよ
自分もまだ よく分かんないし…

さっき本あげたでしょ これで勉強して
いつものヒント お願いします！
ヒントはね
お父さんに病気平癒のお守りいただくのを忘れてた！
先に帰ってください！
あわてんぼうだねェ
ヒントは

「灯台下暗し」かな…
お父さん
いつものリンゴ買ってきたよ
おお…ありがとう
あとこれも！早く退院できますようにってお願いしてきたから

偶然ショーンさんに会っちゃってびっくりしたよー
神主さんとも顔見知りだったりして…
あのなちとせ…
カラーン
本当なの…

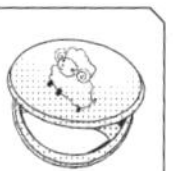

# 日本で生まれた宗教――神道《しんとう》の特徴

神道は、日本固有の民族宗教です。キリスト教やイスラム教に代表される「一神教」では、唯一絶対の神を信仰するのに対し、神道は「八百万の神」を尊ぶ「多神教」。日本には非常に多くの神様がいますが、大きく三つに分けられます。

## 八百万《やおよろず》の神を信仰

一つは「自然」。日本人は古来から山や海、森、岩、木、川といった自然そのものを神聖なものとして崇拝してきました。これは、あらゆるものに霊魂が宿っていると考える「アニミズム」（129ページ参照）に通じます。二つめは「祖先」。日本人は死者の霊を「神」と見なして祀《まつ》ります。三つめは「まれびと」。まれびととは、海のかなたにある異郷から訪れ、人々に福を与えて去っていく「神」のことです。「まれびと信仰」に基づく伝説や民話などが古くから各地に存在します。

## 神道と仏教が混ざり合う「神仏習合《しんぶつしゅうごう》」

日本人の多くは、お宮参り、七五三、厄払いなどで神社へ参拝します。その一方で、葬儀は神道式もありますが、多くは仏式で行われています。神棚と仏壇が両方ある家も少なくありません。願い事をする際にも「神様、仏様」と呼びかけます。日本では、神道と仏教という異なる宗教が混ざり合っているのです。この神道と仏教の融合を「神仏習合」といいます。

仏教が日本に伝わったのは6世紀。奈良時代には、神社の境内に「神宮寺」が建立されるなど、神仏習合が始まっていました。もともと神道は多神教ですから、八百万の神に仏が加わっても、無理なく受け入れられたのです。明治時代は、神社を国の行政の対象にしようとする動き「国家神道」が進行しますが、終戦後の「神道指令」によって制度が廃止。現在も神仏習合の宗教文化が生活に根付いています。

### 「本地《ほんじ》垂迹《すいじゃく》説《せつ》」とは？

日本に伝来した仏教は、神道と混ざり合い(神仏習合)、独自の形で発展しました。当初は、仏教は神道の一部だとする考えが主流でした。

しかし、平安時代になって、「神とは仏の仮の姿である」という説が出てきました。仏や菩薩が人々を救うため、姿を変えて現れたのが日本の神々だというわけです。これが「本地垂迹説」。神仏同体説ともいわれます。

鎌倉時代には、「仏は神の仮の姿である」とする「反本地垂迹説」も登場します。しかし、いずれも明治初期の神仏分離によって衰えました。

### 「神社神道」って？

神道は、「神社神道」と「教派神道」に分類されます。「神社神道」は、全国にある8万余りの「神社」を中心とし、主に伝統的な祭祀儀礼を中心とする神道のことです。全国の神社をまとめているのが、伊勢神宮（三重県伊勢市）を本宗とする「神社本庁」。「お伊勢さん」と親しまれている伊勢神宮(正式名称は「神宮」)は、全国の神社の総親神とされます。

「教派神道」は、教祖が独自の教義によって始めた宗教。明治政府によって公認された「神道十三派」および、それ以降に新設された教団があります。教派神道には教祖が存在するのが特徴です。

# 日本神話と神道

## 天照大神《あまてらすおおみかみ》は日本を作り上げた神の娘

神道には『聖書』や『コーラン』のような聖典はありませんが、「神典」と呼ばれる書物が存在します。神典の2本の柱が『古事記』と『日本書紀』です。『古事記』には、伊邪那岐命《いざなぎのみこと》と伊邪那美命《いざなみのみこと》という男女の神様が日本の国を作ったとする「国生み神話」が記されています。

伊邪那岐命の子が天照大神《あまてらすおおみかみ》、月読命《つくよみのみこと》、須佐之男命《すさのおのみこと》。天照大神の孫、邇邇芸命《ににぎのみこと》のひ孫が、初代の神武天皇とされています。海を治めていた須佐之男命がさぼってばかりで追放され、姉の天照大神を頼って高天原《たかまがはら》（天上の国）を訪ねるものの、乱暴ばかりするので、怒った天照大神が天の岩戸にこもってしまう――この「岩戸隠れの伝説」は日本神話の中でも大変有名です。

## 「黄泉《よみ》の国」にまつわる神話

伊邪那岐命と伊邪那美命は、国を生み、多くの神々を生みました。しかし、最後に生んだのが火の神だったため、伊邪那美命はやけどを負って死んでしまいます。伊邪那岐命は、妻を追って、死者の国である「黄泉《よみ》の国」を訪れました。
「決して見ないように」と言う妻に背き、その腐敗した体を見てしまった伊邪那岐命は、おぞましい姿に逃げ出してしまいます。怒った伊邪那美命が追いかけますが、伊邪那岐命はなんとか葦原中国《あしはらのなかつくに》（地上の国）へ戻ることができたのでした。
生き返ることを「よみがえる」といいますが、これは「黄泉の国から帰る」という意味です。地上と死者の国がつながっていて、生きている者が死者の国へ行けるという考えは、日本独自の死生観だといえます。

## 『古事記』と『日本書紀』

『古事記』と『日本書紀』を合わせて「記紀《きき》」または「記紀二典」といいます。神道においては両書の神話の部分を重視しています。八百万の神とは『古事記』に記されている言葉で、『日本書紀』には「八十神《やそがみ》」と書かれています。

| | 古事記 | 日本書紀 |
|---|---|---|
| 成立年 | 712年 | 720年 |
| 作者など | 天武天皇の命によって稗田阿礼《ひえだのあれ》が誦習《しょうしゅう》し、太安万侶《おおのやすまろ》が編さん | 舎人親王《とねりしんのう》らが編集 |
| 構成 | 全3巻 | 全30巻　系図1巻 |
| 文体 | 変体漢文 | 漢文 |
| 内容 | 上巻は天地の始まりから神々の時代の物語(神話)。中・下巻は神武天皇からの歴代天皇の歴史 | 日本最初の編年体の歴史書。神代から持統天皇の時代までの歴史を詳しく記している。神話は2巻分が充てられている |

COLUMN

# 神道

## ○○の神様

「野球の神様」「店員の神対応」「神業のヘアカット」――日本人は「神様」「神」という言葉を気軽に用います。これは、キリスト教やイスラム教などの信者からしたら、理解し難いこと。人間を称賛するために、唯一絶対の存在である神を引き合いに出すなど考えられないことだからです。

また、ちょっと周囲を見渡せば、「八幡様」「お稲荷さん」「学問の神様」など、さまざまな神様が祀《まつ》られています。商売繁盛や交通安全、病気平癒、縁結びなど、目的に合わせて参拝する神社を選ぶのも当たり前の光景です。

神様は日本人にとって身近な存在ですが、「神道」という宗教を信仰していると自覚している人は少ないかもしれません。これも日本の宗教文化の特徴の一つです。

## 神道の穢《けが》れ、禊《みそ》ぎ、祓《はら》い

「穢《けが》れ」は、罪とともに不浄なものとされ、古代から日本人に嫌われてきました。「気枯れ」「気離れ」に由来し、生命力が枯渇した状態のことですが、生命の充実を大切にする神道では「死」や「血」が穢れであると考えられています。

「穢れ」は外部から付着するものなので、「禊《みそ》ぎ」や「祓《はら》い」によって清めることができると考えられています。とりわけ日本人は、水によって心身を清める「禊ぎ」を重視してきました。滝に打たれたり、冷水を浴びたり、神社の参拝前に手水を使ったりするのも禊ぎの一つです。禊ぎは、『古事記』で伊邪那岐命が黄泉の国の穢れを払うために、水で体を清めたことに由来しています。水のほか、火や塩なども使われます。

# 第5章

# 宗教は何のために
# あるのか

世界中でさまざまな宗教が信仰されています
なぜ人々は、こんなにも宗教を
必要とするのでしょうか
ここでは、宗教の本質について考えてみます

カラン カラーン
いらっしゃいませ
高本良一、圭子、祐輔
今日から2泊でお願いしている高本です

3名の高本様ですね
ようこそお越しになられました
それかわいいね
お母さんが作ってくれたんだ
お部屋までお運びしますね

今日は何だか元気がないね
えっ？ そうですか？
ちょっと疲れてるのかな？
うーん
ちとせちゃん…
ひつじ屋
春子さんの家に行ってきてくれない？
春子さん今日お休みでしょ 厨房の引き継ぎノート持って帰っちゃったのよ
ついでに休憩してきたらいいよ
おいしいコーヒーでもいれてもらって
でもお客さま…
大丈夫 今日も暇だから
もって…
北見

引き継ぎノート？
春子さんが家に持って帰っちゃったから困ってるって
確かいつもの場所に…
あれ？
家にはないけどどこに置いたのかしら？
ごめんね
取りあえずお菓子でも食べましょ

ちとせ
北花亭好きでしょ
何か
あったのかい？
うん…

ポタッ
お父さんが…
検査で新たにがんが見つかるなんてね…
でも今はがんは不治の病じゃないんだよ
真由美ちゃんのお母さんも以前乳がんだったんだよ
えっ！

今は退院して元気にしてるって
知らなかった…
ちとせが東京にいたころの話だからね
ずび…
大丈夫
博さん死んだりしないよ
こんな頼んないちとせに旅館を任せられるわけないもの
ハナミズふきなさい
止まらないんだもんっっ
ひどい！春子さん

へくしゅっ
ぐうううう
朝ごはん食べてなかったから…
あっ北花亭！
うひょー
博さんのためにも頑張らないとね
バンバン
おいしー

せめて明日とか…
急な話で僕も残念なんだけど…
戻りました〜
ちとせさーん!
これからショーンさんに
最後のレクチャーをしてもらうところなんです
あんまり大声で言うとメーワクに…

ちとせさんも
どうぞ～
さぁ さぁ
最後？
ゴホン
ひつじ屋
今日は難しい
ですよ～
フフフ
何が？
もちろん
宗教ですよ～
そもそも
宗教って
何のために
あるのか？

孝太くんがそう聞いてきてね
これはとてもいい質問だなあって
僕も今までいろいろと勉強してきましたからね～
うんうん
今まで許容量オーバーだったくせに…
宗教は何のために存在するのか？
僕はその理由は二つあると思ってる
おぉ…
今日は気合入ってるね…
メモメモ
まずは一つ目

人間がいつかは必ず死ぬ存在だから
宗教は存在するんだ
死…
死にたくないでしょ？
コクコク
誰だって死にたくないし誰だって死ぬことは怖いと思う
死に対する恐怖を和らげるため宗教は存在してるんだ
だからどの宗教も人間が死んだらどうなるかについて教えている

## キリスト教

神を信じているものは今までの罪をすべて許され、天国に行き、そこで最後の審判の日を待つ。「最後の審判」とは、世界の終末にイエス・キリストが再降臨して、人類が裁かれるという聖書によるもの。

ミケランジェロの「最後の審判」はそのシーンを描いたものだよね

## イスラム教

死後は、地下で眠り続ける。「最後の審判」のときにアッラーによる裁きを受け、天使の記録により、生きている間の善行が多い者は天国に行ける。

最後の審判の日に蘇るためには肉体が必要だといわれているんだ
キリスト教は一部火葬という地域もあるけれどイスラム教徒はみんな土葬なんだよ

## 仏教

死んだ後、現世での行いによってまた生まれ変わる。死んでから四十九日後に、どの世界に生まれ変わるかが決められる。これが「輪廻転生」といわれる考え方。でも、解脱すればこの輪廻転生の輪から抜け出せる。

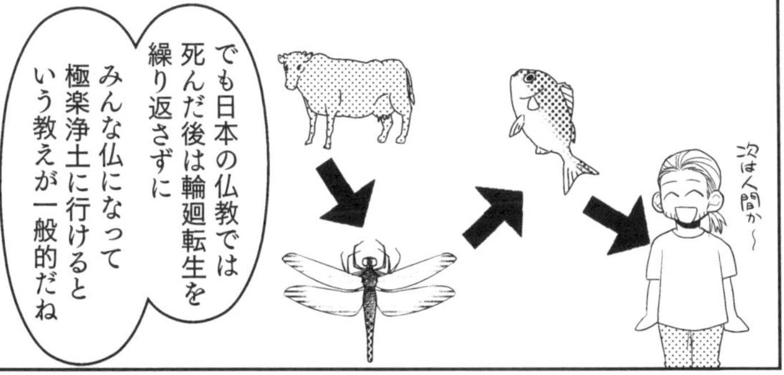
でも日本の仏教では
死んだ後は輪廻転生を
繰り返さずに
みんな仏になって
極楽浄土に行けると
いう教えが一般的だね
次は人間か〜

## 神道

日本神話の中に、死んでしまった伊耶那美命《イザナミノミコト》を追いかけて、伊耶《イザ》那岐命《ナギノミコト》が黄泉の国を訪れるという話がある。死者の国は「黄泉の国」。「よみがえり」という言葉は、黄泉の世界から戻ってくるというのが語源。

人間が死んだ後
肉体が滅んだとしても
魂は死なない
死後も世界は続いている
どの宗教にも
そういう物語
があるんだ
なるほどー
現世で神様の教えを
守って暮らしていれば
Heaven
死んでから素晴らしい
天国に行ける
こう考えると
死の恐怖が
和らぐよね
ふむふむ
そうなのかな
死んだらおしまい
だと思う…

ごめんなさい！
ポロ
ダッ
どうしたんですかね？
渡しそびれちゃったなあ…

食堂
今日のデザートは増毛産のサクランボを使ったシャーベットです
わー
おいしそうだね
これは祐輔君にプレゼント
クッキーだあ!
地元で採れたはちみつとバターで作りました お土産に
HONEY
このひつじさんは?
旅館のマスコットなの

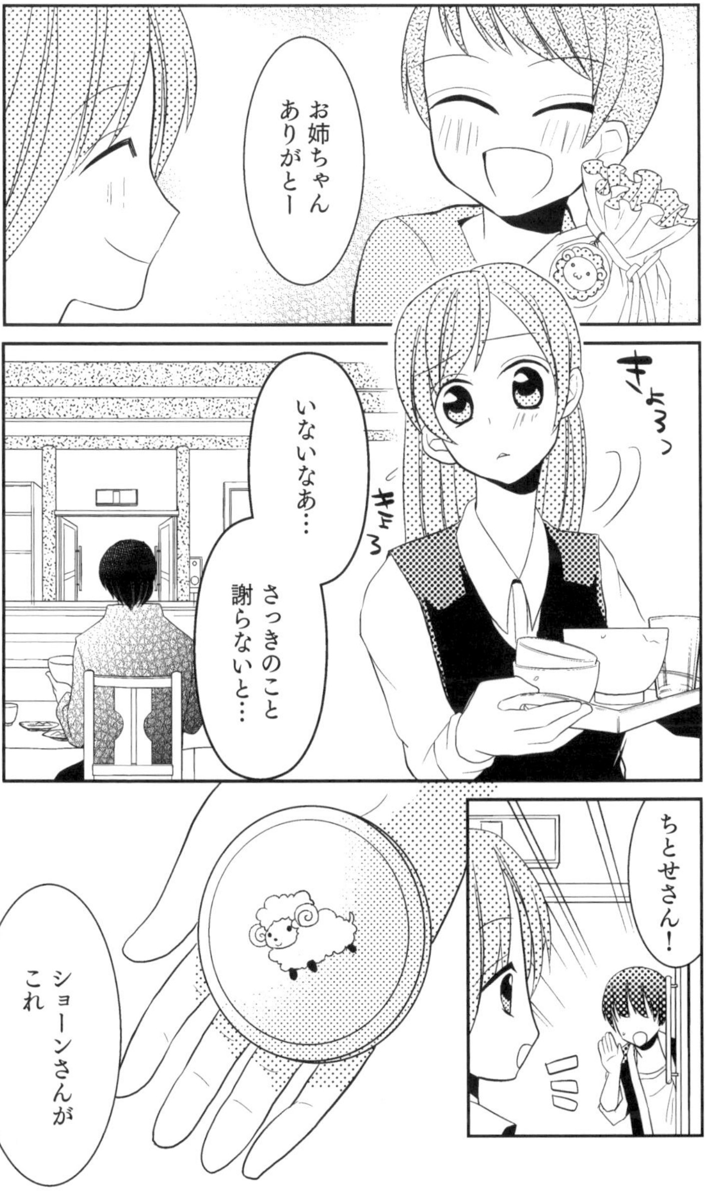
お姉ちゃん
ありがとー
いないなあ…
さっきのこと
謝らないと…
きょろっ
きょろ
ちとせさん!
ショーンさんが
これ

わ〜〜
良かった〜
探してたんだよ
ところで
ショーンさんは？
帰国しましたよ
帰った!?
急用で
ついさっき
お店の商品に
クレームが
あったみたいで
スタッフじゃ
処理できなくて…
大口の取引先だから
謝りにいかないと
収まらなくて
ショーンさんのお店
そんなに大きい
会社だったの…

ひと言 言って
くれればいいのに…
言いそびれちゃったんだと思いますよだってさっき…
そっか…
NORTH
北

パカッ
This is one of the religions too.
これも宗教の一つ…？
翌朝
こちらにサインを…

久々に家族水入らずで楽しめました
ありがとうございます
ひつじさん！
つけてくれたんだ
あーりがとー
これあげる！
ありがとー いいんですか？
この子があげるんだって聞かないもので
またお母さんに作ってもらうからいいーの
フクロウは神様なんだよ

これを持っていると
頭が良くなって勉強ができるようになれるんだって
お姉ちゃんも勉強ができるようになるといいね！
この歳で勉強って…
カラン
カラーン
これも宗教…

日本人の宗教観
教えてもらいに来ました！
トーマスさん！
ニコ
コト
それ…
北海道神宮で
北海道神宮で
落としてたんだ…
亡くなった母が
買ってくれたものなんです

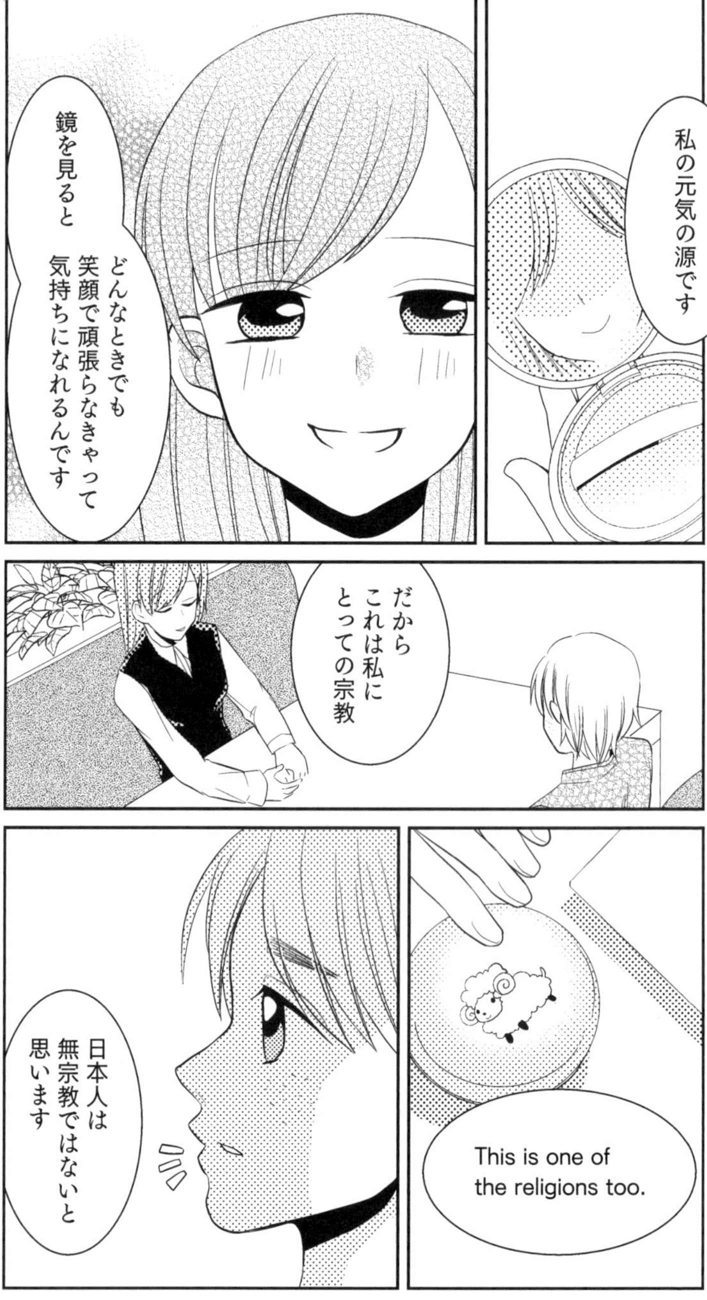
私の元気の源です
鏡を見ると どんなときでも 笑顔で頑張らなきゃって 気持ちになれるんです
だから これは私に とっての宗教
This is one of the religions too.
日本人は 無宗教ではないと 思います

人間は誰だって
何かを信じることに
よって生きている
日本人はそれぞれが
自分の信じる何かを
宗教として
持っているのだと
思います
宗教って
生きるための原動力
なんですよね

ちとせさん
大変です
来週またインドネシアの
方々からの宿泊予約が
わたし英語ニガテです
ちとせさーん！
英語で電話が
はい！
今行きまーす
すみません
ちょっと
行ってきます
元気になって
良かった…

ショーンに言われてきたんでしょ?
ばれましたか
フフ…
「日本人の宗教観を聞くふりして様子を見に行ってほしい」って言われて
やっぱりね
カランカラン

ひつじ屋
宿泊者名簿
いらっしゃいませ！

# 知っておきたい世界の宗教

**今まで、イスラム教、キリスト教、仏教、神道を
紹介してきました。しかし、そのほかにも、世界には
まだまだ多彩な宗教が存在します。
グローバル化が進む時代に、
ぜひ知っておきたい四つの宗教を紹介。**

## 唯一絶対の神ヤハウェを信仰――ユダヤ教

「ユダヤ教」は、地中海のほとり、パレスチナの砂漠に生きるイスラエル人の民族宗教です。ユダヤ教の根幹は、唯一神ヤハウェとの「契約」。神から示された律法を順守すれば、見返りに、この世の終わりの日に行われる「最後の審判」で救済が約束されるというものです。

ユダヤ人（ユダヤ人の母から生まれた者およびユダヤ教徒を「ユダヤ人」という）は、自分たちは、神に選ばれた特別な存在であるという「選民思想」を持っています。この信仰によって民族の結束を固め、砂漠の厳しい自然環境や、他民族からの迫害などの過酷な運命に耐えてきたのです。

律法でもっとも重要とされているのが、ユダヤ教の聖典である『聖書』（キリスト教では旧約聖書）に記された「モーセの十戒」。預言者モーセが古代ユダヤ人を率いてエジプトを脱出する際、神ヤハウェが起こした、海を割る奇跡は有名です。十戒の一つに「安息日を心に留め、これを聖とせよ」とあり、ユダヤ人は安息日（金曜夕方から土曜の日没まで）を厳守しています。安息日にはシナゴーク（教会）で礼拝し、労働や遊ぶことなどは禁じられています。

# 「仁」を基盤に政治・道徳を説いた――儒教

儒教の祖、孔子は、紀元前551年頃、中国の農村に生まれています。時代は周王朝が衰退し、諸侯が争っていた春秋の乱世。混乱の世の中で、孔子は肉親に対する親愛の情を基盤に、道徳的な秩序のある社会を目指しました。

儒教では、人として守るべき道徳を「五倫五常《ごりんごじょう》」としてまとめています。五倫は、「父子の親」「君臣の義」「夫婦の別」「長幼の序」「朋友《ほうゆう》の信」の5つ。これは、対人関係で実践すべき基本を示しています。五常は、「仁」「義」「礼」「智」「信」という五つの徳のことです。

五常にもある「仁」は、儒教が最も重要としているもので、「人として自然に持つ他人への親愛の情」です。孔子は、親子間の「孝」や兄弟間の「悌」の心を他人にも広げ、偽りのない真心「忠」と思いやり「恕《じょ》」、わがままを抑制する心がけ「克己《こっき》」を持って接することで「仁」は完成すると説きました。儒教の教典は「四書・五経」という書物。日本で広く読まれている『論語』は四書の一つで、孔子の言動を弟子たちが記録したものです。

# 老子を祖とする中国の民族宗教――道教

「道教」は、儒教、仏教と並ぶ中国三大宗教の一つで、中国漢民族の伝統宗教です。教祖は老子ですが、実在していたかどうかは定かではありません。後世の道家（道教の学者）が作り上げた理想の人物だとも考えられています。老子は、儒家（儒教の学者）の作為的な仁義道徳思想に反発。宇宙の根源を「道《タオ》」や「無」と名付け、万物は道の働きに従って生成変化するのだから、「道」の働きのまま、何もしないことが最良（無為自然）だと説きました。

　老子の著書と伝えられる道家の経典『老子』には、後に道教の重要な要素となるこの「無為自然」に関する記述があります。これは、作為を否定することで、道の働きのままにおのずからうまくいくという意味。有名な「上善は水のごとし」（水のように自然に低いところに流れるのが最上の善である）という言葉も、『老子』に記されています。「道教」は、不老長寿を求める「神仙思想」や、陰と陽に、木・火・土・金・水の五行を加えて自然現象などを説明する「陰陽五行説」、さらに儒教や仏教の影響も受けながら、体系化されていきました。

## 風習や習慣、儀礼的な要素が濃い――ヒンドゥー教

インド国民の約8割が信仰している「ヒンドゥー（ヒンズー）教」。その前身は、紀元前13世紀頃、インドに移住したアーリア人によって信仰されたバラモン教（水、太陽、風などを神とする多神教）です。これに、インド各地の土着信仰、仏教などが混じり合い、宗教的身分制度「ヴァルナ（カースト）制度」とも結びついて発展しました。

開祖、教典はありませんが、四つの『ヴェーダ』など多数の聖典が存在。多種多様な思想と宗派から成り立ち、呪物崇拝、アニミズム、祖先崇拝、偶像崇拝などの特徴があります。宇宙維持・世界救済の神「ヴィシュヌ」、宇宙の創造者「ブラフマー」、破壊神であり創造神でもある「シヴァ」がヒンドゥー教の三大神。シヴァが聖なる牛を乗り物としていることから、ヒンドゥー教徒は一般的に牛肉を食べません。

よしっ
おはようございます！
あれから1年がたちました
何度言ったら分かるかなー
すみません・・・
孝太さ〜ん
これどこに片付けておいたらいいですか〜
ひつじ屋

キミの為なら何度でも
教えちゃうぜ
どうしたんだい？
ひっ
ひっ
ニューフェースも増えて
何だと新人のくせに生意気な
孝夫さんソレえこひいきですよ
ギャー
さらににぎやかな「ひつじ屋」になっています
ギャー
孝夫さんってのんきだな
ちとせさん今日の宿泊確認よろしいでしょうか
本日の外国人の宿泊客は…
まずは韓国年齢的に大学生のカップルですかね
台湾からは10歳のお子様がお一人いらっしゃる3人家族ですね
台湾のお子さんには夕食時にいつものクッキーを差しあげてください
外国からのお客さまがますます増えています
春子さんのコーヒーはやっぱりおいしいね〜
ふぅ…
もー最近さぼってばっかりなんだから

楽隠居ってやつだよ
父もすっかり元気になりました
入院生活が長かったせいか ややさぼり癖が付いてしまったようですが…
春子さん りんごが 食べたいな～
さて 仕事しょ
あとイギリスのお客さまもいらっしゃいますね
イギリス？

お名前はヒューさまで
大人４人の
グループです
残念ながら
ショーンさんでは…
ですよね…
あれ以来
ショーンさんからの
連絡はありません
カランッ
カラーンッ
いらっしゃいませ〜
パタン

驚かせたくて友人の名前で予約しちゃった
元気だったて
うるっ
いつかまた会えるって信じていた
ショーンさん信じる心が宗教なんですよね

まんがで学ぶ

# 世界の宗教

Religion

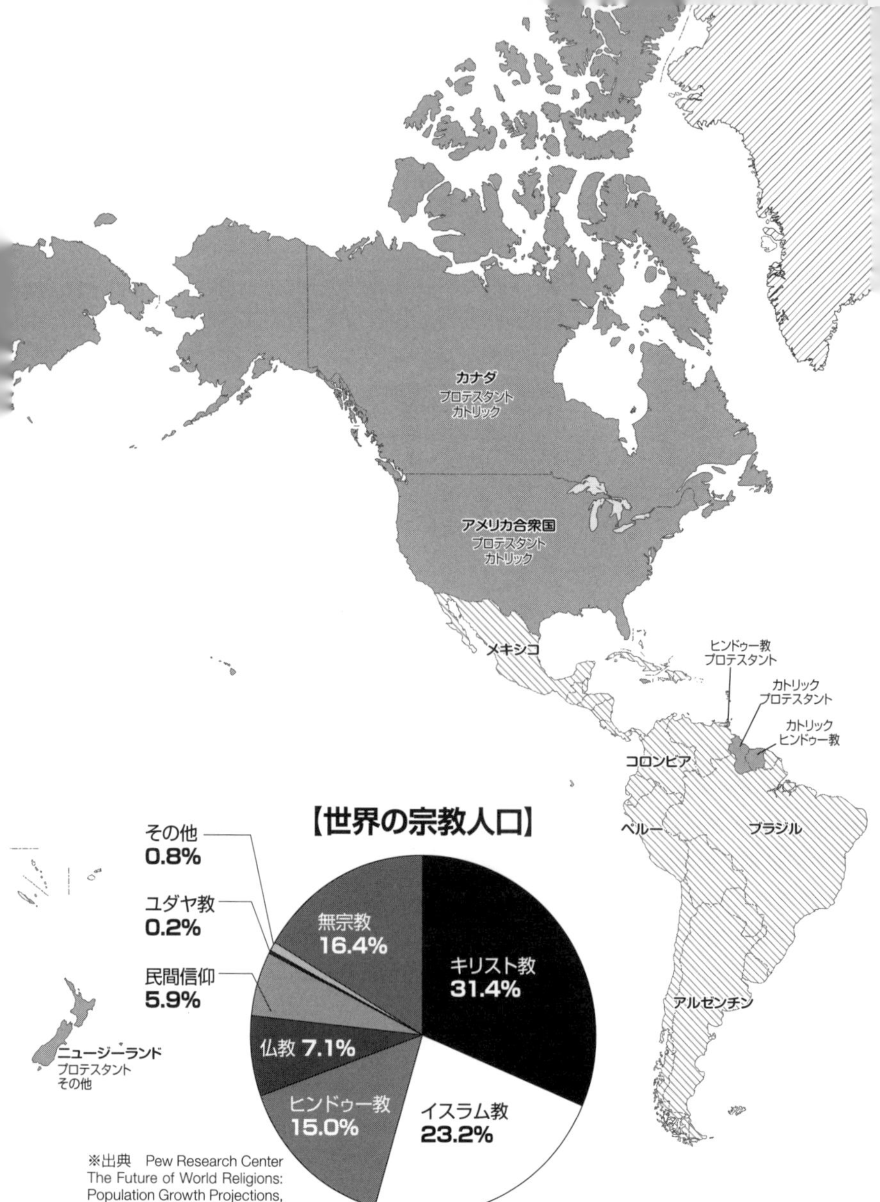


※出典　Pew Research Center
The Future of World Religions:
Population Growth Projections,
2010-2050

※地図は「ブリタニカ国際年鑑2015」をベースに独自に作成。1つの宗教人口が50%以上を超える場合、単色で記載。最大数の宗教が50%以下の場合、上位2つを記載

# 宗教世界地図

現在、世界の人口の約1/3がキリスト教信者。南北アメリカ、ロシア、ヨーロッパ各国など広範囲に分布しています。次いで多いのは、インドネシア、インド、およびサハラ以南のアフリカを中心に広がっているイスラム教です。

もっと
# 宗教を知るための Q&A

## イスラム教編

### Q 「スンニ派」と「シーア派」って？

現在、イスラム教は大きく「スンニ（スンナ）派」と「シーア派」の二つに分かれ、対立しています。二つの宗派は、創始者ムハンマドの死後、権力抗争によって誕生しました。ムハンマドの後継者（カリフ）の選出に当たり、シーア派は血筋を重視。ムハンマドのいとこであり、ムハンマドの娘と結婚した４代目の指導者アリーとその子孫だけをカリフとして認めています。

一方、スンニ派は血筋よりも慣習を重んじる宗派。「スンニ」とは“慣習”“伝統”という意味で、ムハンマドの言行に従って生活することを重視しています。現在の主流はスンニ派でイスラム教全体の約85%を占め、シーア派は約15%だといわれています。

礼拝は1日5回するのですが
食事を取るのにとても似ています

| 礼拝 | 日の出前 | 正午過ぎ | 夕方ぐらい | 日没後 | 寝る前 |
|---|---|---|---|---|---|
| 食事 |  朝食 |  昼食 |  おやつ |  夕食 |  夜食 |

# Q 「イスラム金融」とは？

イスラム法「シャリーア」（51ページ参照）に基づいた金融取引のことを「イスラム金融」といいます。預言者ムハンマドは商人だったため、イスラム教では労働が尊重され、商売によって利益を上げることに対しては肯定的。しかし、労働を伴わない利益、つまり利子で儲けることは禁じられているのです。

これは、コーランに「利子を取ってはいけない」と書かれているから。そのため、イスラム金融の銀行では、利子ではなく手数料を受け取るという形式を取っています。もちろん、お金だけを動かして儲ける“投機”も禁止。また、イスラム教における禁止行為（ハラーム）に関わるギャンブル、アルコール、ポルノ、豚肉の取り扱い、武器製造事業などの取引も認められていません。

さっきインドネシアのご家族に礼拝の事を教えてもらったんですが
1日5回も礼拝なんて大変ですよね

## Q イスラム教の「聖地」は？

A

イスラム教の三大聖地は、ムハンマドの生誕地である「メッカ」（サウジアラビア）、ムハンマド永眠の地「メディナ」（サウジアラビア）、そしてムハンマドが昇天し、神アッラーに謁見《えっけん》した場所とされる「エルサレム」（イスラエル）です。

このうちエルサレムは、キリスト教、ユダヤ教においても聖地とされています（85ページ参照）。そのため、三つの宗教の信者たちがエルサレムをめぐって対立しているのです。

## Q 創始者は「マホメット」じゃなかったの？

A

「イスラム教の創始者はマホメット」と覚えている人も多いかもしれません。以前は、教科書にもマホメットと記載されていましたが、現在は原音に近い「ムハンマド」という表記に改められています。つまり、マホメットはムハンマドの日本における昔の呼び方。

このほか、『コーラン』と『クルアーン』、「イスラム」と「イスラーム」、天使「ガブリエル」と「ジブリール」も表記が違うだけで同一です。

# Q 『コーラン』には何が書いてある？

A

ムハンマドが神から預かった言葉をアラビア語で記した本が『コーラン』。イスラム教では、アラビア語は神が選んだ言語だといわれています。イスラム教徒にとっての絶対的な聖典である『コーラン』は、114章から成り立っていますが、全体を通して「神はアッラーのみである」という一神教の原理や、「神アッラーは全世界の主である」のように神の偉大さが繰り返し述べられています。また、『コーラン』には礼拝、断食、巡礼など、大切な生活の規範も記されています。

キリスト教編

## Q 「東方正教会」や「ロシア正教会」って？

「東方正教会」はキリスト教の教派の一つ。「ローマ・カトリック」「プロテスタント」に「東方正教会」を加えた３教派が、現代の三大潮流といわれています。

「東方正教会」は、1054年に起こった東西教会の分裂によって「ローマ・カトリック」と分離し、誕生した教派です。教皇のような絶対的権威を認めていないのが特徴で、「ロシア正教会」「ギリシャ正教会」「ブルガリア正教会」など、国や地域ごとに活動をしています。

一口にキリスト教と言っても
さまざまな教派があるんだ

「ローマ・カトリック」にはマリア像やキリスト像などが見受けられますが、「東方正教会」は立体的な聖像をほとんど持ちません。教会や家での祈りには「イコン」と呼ばれる平面的な聖画像が用いられます。

## Q アダムとイヴの罪とは？

キリスト教では、人は生まれながらにして罪を背負っていると説いています。この罪を「原罪」といい、その起源が『旧約聖書』の「創世記」に記載されている、アダムとイヴのエピソードです。人類の祖アダムとイヴは、蛇にそそのかされて禁断の木の実を食べてしまいます。その結果、エデンの園（神がアダムとイヴのために設けた楽園）を追われ、アダムは労働の、イヴは出産の苦しみを与えられました。二人は子どもをもうけ、原罪は子孫へと受け継がれたのです。

# Q アメリカ大統領選とキリスト教の関係とは？

A

17世紀初めのピューリタン革命時、欧州を逃れたプロテスタントが移住して建国されたのがアメリカ。今もキリスト教との深い関わりが見られます。アメリカでは、大統領就任式の際、聖書に手を置いて宣誓する習慣がありますし、多くの政治家が「God Bless America」（アメリカに神のご加護を）という言葉で、演説を締めくくっています。

アメリカには、White《ホワイト》 Anglo-Saxon《アングロサクソン》 Protestant《プロテスタント》（白人、アングロサクソン系プロテスタント）の頭文字をとった「WASP《ワスプ》」という言葉が存在します。ピューリタンの子孫とされるWASPでなければ、プロテスタントの国であるアメリカの大統領にはなれないと長らく考えられていました。黒人初のアメリカ大統領として知られるオバマ大統領以前、WASP以外で大統領になったのは、アイルランド系でカトリック信者だったジョン・F・ケネディだけです。

## Q 「ローマ教皇（法王）」とは？

ローマ教皇（法王）は、世界のカトリック信者の最高指導者。イエスの一番弟子、使徒ペトロの後継者であり、地上におけるイエスの代理者と捉えられています。また、バチカン市国（ローマにある世界最小の独立国。ローマ・カトリック教会の中心）の首長でもあります。

ローマ・カトリックの組織は、ローマ教皇をトップに、枢機卿《すうききょう》、大司教、司教、司祭、助祭、一般信徒というピラミッド形の階層を構成。世界に11～12億人いるカトリック信者の頂点に立つ存在がローマ教皇なのです。

世界史の教科書にも登場する「カノッサの屈辱」という事件は、教皇の強い影響力を示しています。1077年、神聖ローマ皇帝ハインリヒ４世が教皇グレコリウス７世と対立。破門され、北イタリアのカノッサで、雪の中３日間もローマ教皇に許しを請うたのです。教皇の権威は皇帝をも上回ったのでした。

---

## Q 「コンクラーベ」って何？

ローマ教皇を決定する選挙のことを、「コンクラーベ」といいます。コンクラーベの会場は、ミケランジェロの絵画「最後の審判」でも知られている、バチカン宮殿のシスティーナ礼拝堂。投票するのは、ローマ教皇に次ぐ職位の枢機卿（80歳未満）120人です。外部から遮断された密室状態で無記名投票を行い、一人の候補者が投票総数の３分の２以上を獲得するまで続けられます。

仏教編

## Q 「上座部仏教」と「大乗仏教」に分かれたのはなぜ？

A

ブッダの時代(紀元前5世紀頃)、生きる苦しみから抜け出すためには、出家して修行することが必要だとされていました。つまり、出家した者(僧侶)しか悟りに到達できないと考えられていたのです。ここから「上座部仏教」が誕生します。

ブッダが滅した後、この考えを守ろうとする集団と、僧侶だけが救われることに疑問を抱いたグループが分裂しました。後者は「ブッダを信仰すれば、出家しなくても救われる」と主張し、ここに「大乗仏教」が興《おこ》ります。「大乗」は大きな乗り物のこと。自分たちだけではなく、一切の人類を乗せて救える大きな乗り物を意味しています。

「上座部仏教」は、修行によって悟りを開いた僧、阿羅漢《あらかん》を理想の姿としています。インドから東南アジアを中心に伝わったため、「南伝仏教」とも呼ばれます。

一方、「大乗仏教」は、自分よりも他者の救済を重視し、利他行(他者への施し)に励む菩薩《ぼさつ》を理想に掲げました。大乗仏教は中国、朝鮮を経て、日本にも伝来します。主に北方へ広がったことから、「北伝仏教」とも呼ばれています。

## Q 仏教の経典って？

A

ブッダは、多くの弟子を受け入れましたが、教えを文字にして残すことはありませんでした。そこで、ブッダ亡き後、弟子たちがブッダの説法を記してまとめたのが仏教の経典である「仏典」。しかし、仏教には「上座部仏教」「大乗仏教」の中にも多彩な教えがあるため、膨大な数の仏典が存在します。一つに絞ることはできません。日本では、「般若心経《はんにゃしんぎょう》」が有名です。

## Q 阿弥陀如来像、弥勒菩薩像…さまざまな仏像があるのはなぜ？

A

寺院には多種多様な仏像が存在します。ブッダの死後、しばらくは仏像が作られることはありませんでしたが、400年以上経ってから仏像が登場しました。そして、より多くの人を救おうとする「大乗仏教」の広まりとともに、「如来」（大日如来、阿弥陀如来、薬師如来など）、「菩薩」（弥勒菩薩、観音菩薩、文殊菩薩など）、「明王」（不動明王、愛染明王など）、「天」（帝釈天、毘沙門天、弁財天）などの多彩な像が生み出されたのです。

ただし、「上座部仏教」では、ブッダのみが信仰の対象であるため、仏像はブッダ（釈迦《しゃか》）を表現したものだけです。

---

## Q 「ダライ・ラマ」はどんな人？

A

ダライ・ラマ法王は、チベット仏教のゲルグ派という宗派の高僧で、チベット仏教の指導者です。ダライはモンゴル語で「大海」、ラマはチベット語で「上人」という意味。チベット人にとっては、観音菩薩そのものの存在です。

1940年に即位したダライ・ラマ14世は、世界平和とチベットの独立を訴え、中国に併合されたチベットから亡命し、インド北部のダラムサラに住んでいます。軍事力による脅威に非暴力主義で対抗したことなどが認められ、1989年ノーベル平和賞を受賞しています。

## Q 「檀家《だんか》制度」って？

1612年、徳川幕府はキリスト教の禁教令を発布。それと共に、全ての日本人をどこかの仏教寺院に「檀家」として所属させることにしました。さらに、寺院には「宗旨人別帳」を作らせ、民衆の動向をチェックさせたのです。つまり、キリシタンを取り締まるために作られた仕組みが、日本特有の「檀家制度」の始まりです。

これによって、寺院と檀家の結び付きが固定化し、寺院は檀家の葬式や法要など一切を代々引き受けることで、お布施が保証されるようになりました。やがてキリシタンを取り締まる制度としては必要なくなりましたが、檀家制度は寺院を経済的に支えるものとして受け継がれたのです。

---

## Q 「四十九日」にはどんな意味がある？

仏教では「輪廻転生」に基づき、死者の魂は新たな肉体を得て、生まれ変わりを繰り返すと考えられています。

人は死後、49日間の「中有《ちゅうう》」という状態に入ります。亡くなって7日目（初七日）には三途の川に到着。その後も7日ごとに閻魔大王による審判があり、7回目の最後の裁判が行われるのが「四十九日」です。来世が決まる日なので、よい裁きが下されるようお経を読んで、法要を執り行うのです。

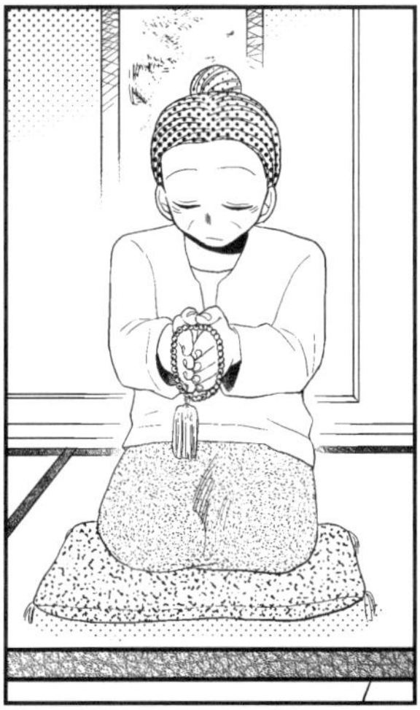

神道編

# Q 神社にはどんな神様が祀《まつ》られているの？

A

身近な神社として、「稲荷社」「八幡様」「天神様」などがあります。また、神社は「氏神様」とも通称されます。

「お稲荷さん」と呼ばれ親しまれている「稲荷社」。もともとは農耕神、倉稲魂命《うかのみたまのみこと》を祀《まつ》り、五穀豊穣《ほうじょう》を祈る「稲の神様」として信仰を集めていました。しかし、安土桃山時代以降、現在も商売繁盛を願う神様として信仰されています。

「八幡様」は、大分県宇佐市の宇佐八幡宮から広まりました。源氏の守り神、武術の神様として知られます。

「天神様」は、もともと高天原《たかまがはら》（天上の国）の「天の神」（天津神《あまつかみ》）のことでした。しかし、平安時代に菅原道真の霊を祀る北野天満宮を建立。それ以来、道真を歴史学者や詩人として尊敬した学者たちに信仰されたことから、「学問の神様」として信仰を集めるようになったのです。

また、神社の通称として、一般的に広く使われている「氏神様」。古代の氏族が自分たちの祖神を祀ったことが始まりです。藤原氏を祀る春日大社、平氏を祀る厳島神社などが有名。そもそもは、その一族一門の神様でしたが、土地の神様である「鎮守《ちんじゅ》」と結び付き、土地の守り神として受け入れられるようになっています。

向こうの神社は？
あれは鉱業従事者の殉職者が祀られている札幌鉱霊神社

## Q 山岳信仰って？

「山岳信仰」は自然崇拝の一つ。山には霊的な力があり、神または祖霊が宿る場所だと考えたり、山を神と見なして崇め、信仰することです。日本では、縄文時代から山が信仰の対象であったと考えられています。現在も富士山、浅間山、大山など日本各地で山に対する信仰が残っています。

仏教の一形態である、山の中に寺院を建て、修行をする「山岳仏教」は、日本古来の山岳信仰と仏教が習合したものです。

---

## Q 柏手《かしわ》を打つのはどうして？

柏手はもともと神霊を呼び寄せる行為。昔は、人へのあいさつの際にも柏手を打っていたといいます。柏手の音で神を招き寄せ、相手を元気づけたのです。

現在は、「手打ち」「手締め」にも、柏手の伝統が見受けられます。儀式や宴会などで一本締め、三本締めといって手拍子をしますが、これは古代の祭りで拍手によって神を祝福した名残です。

## Q 「茶柱」はなぜ縁起がいいの？

「茶柱」の言い伝えは、神話にあるといわれています。『古事記』では、出雲に赴いた大国主命《おおくにぬしのみこと》が須世理毘売《すせりひめ》をめとって宮殿を建てるとき、石の上に柱をしっかり立て、天高く屋根を作ったと記されています。宮柱を太く立派に建てることが、繁栄の象徴のように考えられていました。ここから、柱を立てるのはとても縁起がいいこととされ、茶柱が立つことが喜ばれるようになったのです。

## Q 政治家が靖国神社を参拝すると話題になるのはなぜ？

靖国神社は、1869年、東京招魂社という名前で設置され、戊辰戦争で官軍の兵士として戦い、亡くなった方を神様として祀っていました。その後も戦争で命を落とした人を神様として祀っています。その中に、戦後、戦勝国によって開かれた東京裁判で裁かれた人々も含まれることから、総理大臣や閣僚が靖国神社を参拝すると、中国や韓国が反発するのです。

一方で、参拝しなければ、国内からは「国の代表として、日本のために命を落とした人たちに感謝し、弔うべきだ」と批判する人もいます。外交、歴史認識、政教分離など多くの問題をはらんでいるため、簡単には解決できないのです。

アニミズム的な神道の理解はある程度簡単なんだけど
問題は日本の神道が奈良時代からさまざまな時代的な影響を受けながら、現代まで発展してきているってこと
それも押さえないと神道を知ってるってことにはならないよね

## 制作スタッフ

編集協力／滝ヶ平真佐子(株式会社書樂)

本文デザイン／広瀬恵美

コラム執筆／沼澤千秋

校閲／林優子

作画スーパーバイザー／金谷あい、宮前やすひこ

作画アシスタント／麦田紗伎

地図作成／周地社

## 取材協力

北海道神宮

浄土真宗本願寺派総合研究所東京支所

糠平温泉「中村屋」

## 参考文献

『センター倫理でびっくりするくらいよくわかるーはじめての哲学・宗教』(相澤理 著／大和書房)

『宗教年鑑　平成26年版』(文化庁)

『ムスリムおもてなしガイド』(公益社団法人　北海道観光振興機構)

『世界がわかる宗教社会学入門』(橋爪大三郎 著／筑摩書房)

『知って役立つキリスト教大研究』(八木谷涼子 著／新潮社)

『池上彰が読む「イスラム」世界』(池上彰 著／KADOKAWA)

『池上彰と考える、仏教って何ですか?』(池上彰 著／飛鳥新社)

『池上彰の宗教がわかれば世界が見える』(池上彰 著／文藝春秋)

『常識として知っておきたい日本の三大宗教　神道・儒教・日本仏教』(歴史の謎を探る会 編／河出書房新社)

『[図解]池上彰の 世界の宗教が面白いほどわかる本』(池上彰 著／KADOKAWA)

『世界の地獄と極楽がわかる本』(田中治郎 著／PHP研究所)

『図解　いちばんやさしい三大宗教の本』(沢辺有司 著／彩図社)

『[図解]比べてわかる! 世界を動かす3宗教 ユダヤ教・キリスト教・イスラム教』(保坂俊司 監修／PHP研究所)

『世界三大宗教の教科書』(井上裕務 他 編／洋泉社)

『知識ゼロからの神道入門』(武光誠 著／幻冬舎)

『日本人なら知っておきたい神道』(武光誠 著／河出書房新社)

『宗教の世界史2　ヒンドゥー教の歴史』(立川武蔵 著／山川出版社)

『ユダヤ教ー 歴史・信仰・文化 』( G. シュテンベルガー、A. ルスターホルツ 著　野口崇子 訳／教文館)

**監修者**

**相澤 理**（あいざわ・おさむ）

学びエイド認定鉄人講師

1973年生まれ。東京大学文学部中国思想文化学科卒業。

予備校講師として多数の東大合格者を輩出する。東京大学の入試問題を素材とした『歴史が面白くなる東大のディープな日本史』（KADOKAWA）が、シリーズ累計35万部突破のベストセラーとなる。現在は、RGBサリヴァン講師として首都圏の高校で受験指導にあたる一方、1コマ5分・ずっと無料で学べるサイト「学びエイド」にて動画を配信中。

学びエイド　http://corp.manabi-aid.jp/

**原作者**

**さとうもえ**

ライター、編集者、漫画原作者。いくつかのペンネームを持ちながら、多彩な分野で活動をしている。

**まんが**

**柴田柚香**（しばた・ゆか）

コミック『月刊少年ライバル』（講談社）で、コミック新人賞入選、コミック大賞奨励賞などを受賞。

Business ComicSeries　まんがで学《まな》ぶ　世界《せかい》の宗教《しゅうきょう》

〈検印省略〉

2015年 10月 27日 第1刷発行

監修者――相澤 理（あいざわ・おさむ）
原作者――さとうもえ
まんが――柴田 柚香（しばた・ゆか）
発行者――佐藤 和夫

発行所――株式会社あさ出版

〒171-0022 東京都豊島区南池袋 2-9-9 第一池袋ホワイトビル 6F
電　話　03 (3983) 3225 (販売)
　　　　03 (3983) 3227 (編集)
F A X　03 (3983) 3226
U R L　http://www.asa21.com/
E-mail　info@asa21.com
振　替　00160-1-720619

印刷・製本（株）光邦

乱丁本・落丁本はお取替え致します。

facebook　http://www.facebook.com/asapublishing
twitter　http://twitter.com/asapublishing


ISBN978-4-86063-821-4 C0030